AF596467

ROBERT, CHEF DE BRIGANDS,

DRAME EN CINQ ACTES,

IMITÉ DE L'ALLEMAND,

PAR

LAMARTELLIÈRE;

Représenté pour la première fois, à Paris, sur le théâtre du Marais, en 1792; et repris sur le théâtre de l'Ambigu.

DISTRIBUTION DE LA PIÈCE:

LE COMTE DE MOLDAR, père.
ROBERT DE MOLDAR, son fils aîné, amant de Sophie; chef de brigands.
MAURICE DE MOLDAR, son second fils, aussi amant de Sophie.
SOPHIE DE NORTHAL, nièce du comte de Moldar.
ROSINSKY, fils du comte de Berthold, cru brigand.
FORBAN, WOLBAC, ROLLER, RAZMANN, } brigands.
UN AUMÔNIER.
RAIMOND, confident de Maurice.
BERTRAND, un des officiers de justice du comte de Moldar.
GUILLAUME, paysan du canton, et son fils, âgé de huit à neuf ans.
PLUSIEURS DOMESTIQUES à la livrée du château.
PLUSIEURS GARDES-CHASSE du comte de Moldar.
GRAND NOMBRE DE BRIGANDS.

La scène se passe au château de Moldar, en partie dans une forêt qui en est éloignée d'un quart de lieue, dans un canton de la Franconie.

ACTE PREMIER.

Le théâtre représente un appartement du château de Moldar, en Franconie.

SCÈNE I.

SOPHIE, MAURICE.

SOPHIE.

Laissez-moi seule, vous dis-je, votre présence m'afflige, votre tendresse m'offense, et vos offres me font horreur. J'aimais votre frère, lorsqu'il était l'espoir de sa famille, je l'adore depuis qu'il en est banni. Hélas! déshérité par son père, trahi par ses amis, persécuté par son frère, sans secours, sans asile, seul, abandonné de la nature entière, il n'a, pour supporter ses malheurs, que la force de son courage et les larmes de Sophie... et vous espérez le remplacer, lui ravir le seul bien qui lui reste! Cruel! jouissez en paix, si la paix peut entrer dans votre ame, d'un héritage surpris à la crédulité de votre père; mais respectez ma tendresse, respectez la femme que ce même père lui avait destinée, et cessez de m'outrager en m'offrant une fortune grossie par ses dépouilles.

MAURICE.

Les dernières volontés de mon père suffisent pour me justifier. N'est-ce pas lui qui de sa voix mourante a prononcé la malédiction qui semble s'attacher à ses pas?

SOPHIE.

La malédiction! eh! l'a-t-il méritée? Ah! peut-être la force de l'exemple, son goût pour la dépense, et la fougue d'une jeunesse impétueuse, ont-ils pu l'égarer; mais que de vertus rachetaient ces défauts! que peut-on reprocher à son ame? elle est belle, élevée, sensible; j'en atteste tout le canton, toutes les chaumières qui environnent ce château; elles ne couvrent pas une famille qu'il n'ait secourue, pas un malheureux dont il n'ait adouci l'infortune.

MAURICE.

Que n'a-t-il toujours marché dans ces principes! mais ses actions... ses actions...

SOPHIE.

Comment les connaissez-vous? par des lettres... exagérées... fausses... peut-être même supposées. L'envie et l'imposture enflent les torts, enveniment les pensées, et attachent leur rouille à toutes les actions d'un malheureux. En un mot, vous profitez de son infortune, c'est vous que j'en accuse. Vous vous êtes emparé des derniers moments de votre père, vous lui avez arraché sans doute la malédiction qui poursuit votre frère, votre main l'a tracée, vous avez goûté vous-même le plaisir barbare de lui annoncer cet arrêt qui a porté le désespoir dans son ame. Voilà votre conduite, la pouvez-vous justifier?

MAURICE.

C'est à mon frère seul à se justifier, à lui qui a empoisonné la vieillesse de son père, et perdu dans la débauche et la dissipation un temps qu'il devait consacrer aux études, et qu'il n'a employé qu'à ruiner sa famille.

SOPHIE.

Ne parlez plus de ses dettes, mes pierreries ont servi à les payer. C'était un devoir pour vous, ce fut un plaisir pour moi.

MAURICE.

Si ses torts se bornaient encore là, il serait peut-être excusable; mais ne respecter ni les serments qu'il vous fit, ni l'amour que vous avez pour lui... Quel serait donc votre étonnement si vous le voyiez vous-même, l'œil hâve, le teint livide, le corps miné par le poison de la débauche. Telle était sa position, dit une lettre de mon correspondant de Leipsick, lorsqu'il fut obligé de quitter cette ville pour se soustraire aux poursuites de ses créanciers. Son inconduite ne lui laissa pour ressources que le cachot ou la fuite. Il choisit la dernière en s'associant une troupe de libertins dès long-temps épiés par l'œil de la police, et réservés sans doute à périr un jour par le supplice des scélérats.

SOPHIE *pleure.*

Malheureuse!... comme il jouit de mes larmes!

MAURICE.

Combien n'en ai-je pas versé moi-même! Le sang, l'éducation, la conformité de nos goûts, de nos sentiments, tout semblait nous unir, nous enchaîner l'un à l'autre par les nœuds d'une éternelle amitié.

SOPHIE.

Que de chagrins vous eussiez épargnés à toute la famille, si cette amitié avait toujours subsisté entre vous!

MAURICE, *d'une douceur affectée.*

Mon cœur n'eût point changé, si le sien fût resté le même. Oui, mon ame se déchire au seul souvenir de la dernière soirée que nous passâmes ensemble; tout était calme, le ciel serein, la lune argentait les prairies des environs... « Mon cher Maurice, me dit-il, en m'entraînant « dans le plus sombre de nos bosquets, cher « frère, mon départ est fixé à demain; je vais « quitter Sophie, je vais quitter tout ce que j'ai de « plus cher au monde; je ne sais, mais qui peut « lire dans le livre des destinées? Ah! si jamais « ce pressentiment devait s'accomplir, sois son « conseil... son ami... son époux... fais le bon« heur de Sophie. »

(*Il veut lui baiser la main.*)

SOPHIE *recule d'horreur.*

Perfide! je reconnais ta fourberie. C'est dans ce même bosquet qu'il me conjura de ne jamais aimer que lui. — Toi, mon époux... toi!

MAURICE, *interdit.*

Quoi! vous douteriez...

SOPHIE.

Laissez-moi seule, vous dis-je.

MAURICE.

Vous me haïssez?

SOPHIE.

Non... je vous méprise.

(*Elle sort indignée.*)

SCÈNE II.

MAURICE, *seul.*

Quel orgueil! il sera dompté; ce Robert que tu regrettes est à jamais perdu pour toi... Quoi! j'aurai appelé sur sa tête la malédiction d'un père, je l'aurai banni du sein de sa famille, entouré de pièges, environné d'abimes, pour jouir du rang et de la fortune que lui assurait son droit d'aînesse; j'en aurai fait un aventurier, un vagabond, et je ne pourrai lui ravir le cœur de sa maîtresse! il est malheureux, on l'aime; et moi, l'on me méprise. Mais Raimond ne vient pas... Ce retard m'inquiète... m'offense... m'irrite... Patience... j'ai besoin de lui, et mon intérêt exige que j'épargne l'instrument qui doit servir à mes desseins.

SCÈNE III.

MAURICE, UN LAQUAIS, RAIMOND.

LE LAQUAIS.

Quelqu'un demande à vous parler en secret.

MAURICE.

Que veut-il? (A part.) C'est lui sans doute. Fais entrer. (Raimond entre.) Ah! te voilà! Raimond; tu m'as bien fait attendre.

RAIMOND.

Pardonnez... une maladie survenue à mon oncle...

MAURICE.

Et dont il faut acheter l'héritage par quelques complaisances... j'entends.

RAIMOND.

Non, le destin ne me promet rien de ce côté-là.

MAURICE.

Eh bien! je veux t'employer plus utilement. Mais avant tout, réponds-moi: Connais-tu une jeune personne appelée Sophie de Northal, qui demeure dans ce pavillon, et que Robert devait épouser un jour?

RAIMOND.

J'ai beaucoup entendu vanter sa beauté, sa bienfaisance; mais étranger dans ce château où je ne l'ai vue qu'un moment, quand vous me fites appeler pour garder votre père pendant la léthargie que vous savez... je ne l'ai pas vue depuis.

MAURICE, avec confiance.

A merveille! écoute; toi seul, tu sais ce qu'il m'en a coûté pour devenir l'héritier de mon père. Ton zèle m'y aida, et ma reconnaissance ne se bornera pas aux petits services que je t'ai rendus jusqu'ici. Mais tout le fruit de nos soins est perdu, si je ne possède Sophie. L'image de Robert est sans cesse présente à ses yeux, elle ne voit, n'entend que lui, et son cœur m'est fermé tant qu'elle conservera quelque espérance de le revoir. C'est à toi, Raimond, de lever cet obstacle, et ta fortune est faite. Je me charge dès ce moment de la réussite de ton procès. Puisque tu n'es pas connu, voici le rôle que tu dois jouer près d'elle. Un vieux habit de soldat, une large moustache, le havre-sac au dos, c'est ton accoûtrement. Tu reviens des campagnes de la Turquie d'Europe, où le hasard te fit connaître un compatriote nommé Robert. Ce jeune homme, consumé par un chagrin secret qui lui faisait haïr la vie, se trouve avoir été blessé à la bataille livrée par l'empereur Frédéric à Mahomet second. A l'approche de la mort, Robert te fait appeler, te charge d'un paquet qu'il te prie de remettre à son adresse, quand un congé t'aura permis de retourner dans ta patrie. Ce temps est arrivé, et l'amitié te fait un devoir de t'acquitter de ta commission. Voilà le précis de la fable; je laisse à ton jugement le soin de l'embellir de faits qui pourront ajouter à sa vraisemblance.

RAIMOND.

Comptez sur mon exactitude... Et ce paquet?

MAURICE.

Il est tout prêt, je vais le chercher.

(Il sort.)

SCÈNE IV.

RAIMOND, seul.

Quel homme! il entasse crimes sur crimes, et pourtant tout lui réussit! Il commande, il boit dans des vases d'or, il sommeille sur le duvet de l'opulence, et son père, victime de sa scélératesse, accablé de malheurs, de vieillesse et d'infirmités, n'a au fond d'un cachot qu'une pierre où reposer sa tête; pour nourriture qu'un pain noir détrempé de ses larmes, et que je lui porte en secret; encore fus-je forcé d'annoncer à ce monstre que son père était mort, pour l'empêcher de consommer un parricide. O justice éternelle! — Non, j'ai trop prêté mon ministère à ses atrocités... Je me lasse d'être coupable... Mais ma famille, mes enfants, que deviendront-ils? Un procès fait toutes mes espérances, et quel en sera le résultat, si je n'oppose aux intrigues de mon adversaire le grand pouvoir du scélérat que je sers? Hélas! le sort du faible est donc d'être sans cesse le complice ou l'esclave du puissant!

SCÈNE V.

MAURICE, un paquet à la main; RAIMOND.

MAURICE.

Le voilà. Il renferme deux objets: l'un est la lettre supposée, l'autre un porte-feuille brodé que mon frère reçut des mains de Sophie, et que j'eus l'adresse de lui dérober au moment de son départ. Quant à tes vêtements, tu les trouveras au fond du parc sous une des voûtes de la vieille tour... (Raimond fait ici un mouvement de frayeur et de surprise.—Maurice continue.) Pourquoi cet étonnement? tu parais effrayé?

RAIMOND, embarrassé.

Vous commandez, je ne puis qu'obéir; mais mon respect pour la mémoire de votre père, son âge, ses malheurs... son désespoir quand, seul avec vous, par son ordre, je le descendis dans ce noir souterrain. — Ces paroles déchirantes qu'il prononça d'une voix éteinte et en s'arrachant les cheveux blancs qui couvraient son front respectable: « Et toi aussi, Raimond, « tu m'abandonnes! » cette image, et l'idée des tourments qui auront précédé ses derniers soupirs ont chassé la paix de mon ame...

MAURICE.

Est-ce un sermon que tu prétends me faire?

RAIMOND.

Pardon, si ma sensibilité vous offense.

MAURICE.

Elle me fait pitié. Que peut-on me reprocher? Plongé depuis plusieurs heures dans un sommeil léthargique, tu sais que nous le crûmes mort; cette nouvelle se répandit dans mes domaines, je l'annonçai même aux princes mes voisins. Tout-à-coup mon malheur le rend à la vie... Comment revenir sur mes pas? Nous l'avons tous deux transporté dans cette tour où il est mort depuis. Quel est mon crime? et que crains-tu, honnête Raimond?

RAIMOND.

Mais ce frémissement involontaire... cette horreur secrète qui me saisit à la vue de cette tour... ces ossements blanchis qui semblent se réunir, se ranimer et s'élever de la nuit du tombeau contre la barbarie de ses assassins.

MAURICE, d'un ton sec.

Raimond... ta morale commence à me lasser... écoute : ton sort, celui de ta famille, tout est dans ma dépendance; je puis t'élever au rang de magistrat, placer tes enfants dans mes régiments, assurer leur fortune et changer en palais la cabane où le destin te condamne à végéter; mets d'un côté ces avantages, de l'autre mon inimitié : songe à ta famille, et prononce sur le parti qu'il t'importe de prendre.

RAIMOND.

Mon choix est fait, j'obéirai.

MAURICE.

Tu verras si je sais reconnaître un service. Sors, et prends garde qu'on ne te voie ici; mes ordres sont donnés, mon aumônier prévenu, demain avant la fin du jour, Sophie sera ma femme ou ma victime.

RAIMOND.

Demain à son lever je parais devant elle, et vous serez aussitôt instruit du succès de mon message.

MAURICE.

N'oublie pas d'ajouter qu'il est mort dans tes bras... S'il lui reste un rayon d'espoir, tout ce que j'ai fait est perdu.

RAIMOND.

Il suffit. (A part.) Ah! le scélérat!

(Il sort.)

SCÈNE VI.

MAURICE, seul.

Je n'ai donc plus de rival à craindre... Mais d'où vient que Raimond balance à me servir?... Cette irrésolution... ces remords... Malheur à lui, s'il osait me trahir!... Pourquoi le soupçonner quand son intérêt m'en répond!... Est-ce sa faute si la nature lui a donné un esprit faible, un cœur pusillanime? Moi-même n'ai-je pas éprouvé mille fois ces frayeurs secrètes, ces frissons d'inquiétude qu'on prend vulgairement pour les secousses d'une conscience timorée? Ne vois-je pas le sommeil, ou me fuir, ou me retracer dans un repos pesant des images capables d'épouvanter, si le réveil ne venait détruire ces fantômes?... Est-ce toi, Bertrand? Que me veux-tu?

SCÈNE VII.

MAURICE, BERTRAND.

BERTRAND.

Je viens vous avertir qu'il est temps de mettre le château en état de défense. Une troupe de brigands qui infecte les environs, vient de se retirer sur vos terres.

MAURICE.

Qu'on fasse armer tous mes vassaux.

BERTRAND.

Ce secours est insuffisant.

MAURICE.

Contre une horde de vagabonds?

BERTRAND.

Ne vous y trompez pas; leur nombre est considérable, et leur hardiesse est sans exemple. Ils respectent la propriété du malheureux, mais rien ne leur résiste dès qu'ils ont juré la perte d'un magistrat injuste, d'un homme inique en place, ou d'un prince oppresseur. La mort du comte de Marbourg en est une preuve. Ce seigneur, prévenu de leur arrivée, fait assembler ses gardes, hausser les ponts, et renforcer les postes; rien ne peut le sauver. Dans un clin d'œil le fossé est franchi, le château environné; ils entrent, leur chef s'élance sur le comte, et, lui plongeant un poignard dans le sein : « Bourreau de ton peuple, dit-il, voilà le prix de tes « oppressions. » Puis, s'adressant à ses camarades, « J'ai fait ce que j'ai dû, le reste vous « regarde. » Aussitôt les appartements sont innondés de brigands, les portes enfoncées, les coffres forcés, et tout le château abandonné au pillage.

MAURICE, effrayé.

Le comte de Marbourg assassiné!

BERTRAND.

Au poignard enfoncé dans son sein, était attaché un papier où on lisait ces mots terribles : *Arrêt de mort contre Adolphe, comte de Marbourg, pour cause d'oppression, par le tribunal sanguinaire.*

MAURICE.

Poignardé dans sa cour!...

BERTRAND.

Au milieu de son conseil.

MAURICE.

Ses gardes, ses vassaux l'ont souffert?

BERTRAND.

Sa garde fut repoussée. Quant à ses vassaux, ils ne voyaient en lui qu'un oppresseur, et la mort d'un tyran est un bienfait pour ses sujets.

MAURICE.

Et ses courtisans?...

BERTRAND.

Les courtisans sont des lâches.

MAURICE.

Mais ses amis, Bertrand, ses amis...

BERTRAND.

Les méchants n'en ont pas.

MAURICE.

Quel est donc le parti qu'il me convient de prendre? parle, faut-il assembler mes paysans?

BERTRAND.

Ils sont si malheureux.

MAURICE.

Crois-tu qu'ils m'abandonneraient?

BERTRAND.

Ils n'ont que leurs foyers; ils voudront les défendre: dans un danger commun, chacun tremble pour soi. Je vous l'ai dit cent fois, et le répète encore: tout est à craindre pour qui n'a jamais inspiré que la crainte.

MAURICE, inquiet.

Ils sont en grand nombre, dis-tu... commandés par un chef?

BERTRAND.

Qu'on dit même être d'une naissance illustre.

MAURICE, profondément frappé.

Holà! Henri, Julien... que dans une heure tous mes gens soient sous les armes... que mes gardes-chasse, mes piqueurs et tous les officiers de ma maison se réunissent sur la place. (A l'un d'eux.) Vous, montez à cheval; courez dire à mon régiment de se rapprocher du château. Vous, instruisez mes paysans que je suis entouré de brigands; qu'on en veut à mes jours... Flattez, promettez, menacez... Malheur à qui n'obéira pas à mes ordres. (Les domestiques sortent.) Et toi, mon cher Bertrand, toi, depuis vingt ans attaché à ma famille, chéri, estimé de tout le canton, tu as sans doute beaucoup d'amis?

BERTRAND.

Oui, tous les malheureux, et il n'en manque pas dans vos domaines.

MAURICE.

Puis-je compter sur eux? Faut-il diminuer les impôts, abolir les corvées? Je promets tout, tout, tout.

BERTRAND.

Ce bienfait est tardif, et le danger pressant. Vous pouvez cependant espérer tous les secours qui dépendront de moi.

ACTE SECOND.

Le théâtre représente une forêt épaisse; dans le fond, d'un côté une plaine, des chaumières dans l'éloignement; de l'autre des collines. Les brigands sont tous couchés et endormis sous les arbres; plusieurs d'entre eux sont blessés, l'un porte le bras en écharpe; les trois premières scènes se passent pendant la nuit et aux premiers rayons du jour.

SCÈNE I.

ROBERT, seul, assis au pied d'un arbre, avec une profonde sensibilité.

Ils dorment... et le repos me fuit! Le sommeil n'ose approcher de mes paupières, mon corps est abattu, mon cœur oppressé, et pour comble de maux, je suis forcé de dévorer mes larmes, d'étouffer mes sanglots. Ah! Robert, Robert! non, il n'est plus pour toi de bonheur sur la terre. Entouré de brigands que pour mon malheur je commande, l'épouvante me précède, la destruction marche à ma suite; (avec émotion.) j'étais né pour faire des heureux, et je porte la terreur dans la société; mais j'ai fait parvenir mes plaintes, mon repentir, mes remords aux pieds du souverain; j'ai envoyé le tout au comte de Berthold, mon parent et son favori. J'ai dévoilé les persécutions qui m'ont poussé dans cet abîme; je ne lui ai demandé qu'un coin de terre inhabité... ou quelque autre sauvage... Sans doute on me le refuse... Je m'y devais attendre... Ah! si jamais le sang de mes coupables victimes s'élève contre moi... (Il tire une lettre de sa poitrine et avec force.) Voilà, dirai-je, voilà mon excuse: la malédiction d'un père, l'inimitié d'un frère, la haine de Sophie ont produit tous les maux de Robert... (Avec douleur.) Les cruels ont porté le désespoir dans mon ame; ils m'ont fait haïr les hommes, (avec sensibilité.) et pourtant jamais... non jamais je n'ai fait couler les larmes d'un innocent infortuné.

(Il pleure amèrement.)

SCÈNE II.

ROBERT, FORBAN.

FORBAN, s'éveillant.

Bonjour, Capitaine. Ma foi! nous avions besoin de repos. Après une marche de seize heures, toujours dans les forêts, au risque de nous enterrer dans des fondrières, ou de nous briser la tête contre les arbres; et par-dessus tout cela un déluge d'eau... Vraiment tu nous as menés un train d'enfer... Mais que vois-je? encore cette maudite lettre! Puissé-je exterminer le malheureux!...

ROBERT.

Arrête : c'est mon père.

FORBAN.

Pardon, capitaine. Mais pourquoi toujours la porter dans ton sein? Gageons que tu n'as point goûté un instant de repos.

ROBERT, avec un soupir.

En est-il encore pour moi?... Ami, j'attends des nouvelles importantes, peut-être sont-elles arrivées... Tu m'avais promis d'envoyer un de nos camarades à Francfort...

FORBAN.

Il en est déja de retour; mais son voyage a été inutile, il n'y avait pas de lettre pour toi.

ROBERT, tristement.

(A part.) Misérable Berthold!... et voilà les parents, l'appui qu'on obtient d'eux! (A Forban.) Ami, laisse-moi seul.

FORBAN.

Quoi! tu pleures, et ton ami n'oserait essuyer tes larmes? (Le jour commence à paraître.) Mais comment, si sensible aux beautés de la nature, peux-tu t'attrister à la vue des objets qui t'environnent? regarde cette plaine... ces coteaux... quelle abondance!...

ROBERT, tristement.

C'est le fruit d'une année de sueurs et de travail, la seule richesse, le seul espoir du laboureur, et... un instant peut tout détruire.

FORBAN.

Que cet air est pur!... ce paysage charmant!... Vois-tu là-bas ces chaumières?

ROBERT.

C'est le séjour de l'innocence.

FORBAN.

Entends-tu le chant des oiseaux?

ROBERT, ému.

Ah! Forban, la joie les anime, et le bonheur les suit... Tout est heureux dans la nature... (Avec douleur.) Moi seul, je souffre, moi seul, je porte l'enfer dans mon ame... Mais parlons d'autre chose.

FORBAN.

Oui, du comte de Marbourg... Nous avons fait là un chef-d'œuvre de justice, et le canton nous doit un obélisque pour l'avoir purgé de ce scélérat.

ROBERT.

La punition est sévère et terrible.

FORBAN.

Jamais arrêt ne fut plus juste! Sa mort peut-elle payer le sang des pères de famille qu'il fit périr dans ses prisons, pour avoir tué un cerf ou quelque autre gibier?... Est-il de vexation qu'il n'ait commise? de propriété qu'il n'ait tenté d'envahir? Moi-même, je l'ai vu, suivi de ses piqueurs et de sa meute, dévaster, de gaîté de cœur, l'héritage du pauvre, et l'écraser ensuite lorsqu'il osait s'en plaindre. Capitaine, je voudrais pour mille ducats qu'on m'attribuât l'honneur de cette action. Hercule lui-même dont nous suivons l'exemple n'a jamais rien fait de plus beau.

ROBERT.

A-t-on exécuté mes ordres?

FORBAN.

J'ai fait d'abord d'une double haie environner le château, puis, suivi de Falker et Razmann, le pistolet d'une main et le sabre de l'autre, je me suis emparé des trois portes principales : là finit ma mission. Wolbac et Roller étaient chargés du reste.

ROBERT.

Et l'on n'a maltraité personne?

FORBAN.

Un vieillard et une femme ont été blessés dans la mêlée.

ROBERT, se lève furieux.

Une femme, un vieillard!... les êtres les plus faibles! quels sont les malheureux qui ont osé commettre cette atrocité? quels sont-ils? parle.

FORBAN.

Je l'ignore.

ROBERT, tire un coup de pistolet; les brigands se réveillent et l'entourent.

Écoutez : notre expédition d'hier ne devait être funeste qu'au comte de Marbourg. Il était jugé, condamné, et la mort de ce tyran a satisfait notre justice. Mais on a excédé mes ordres. Une femme, un vieillard ont été blessés : que les coupables se nomment, ou ils sont morts si je les découvre.

WOLBAC, après un silence.

Capitaine, j'étais dans la seconde cour du château où la mort du comte avait déja répandu l'épouvante. Un vieillard poussé par la frayeur se précipite à mes pieds pour demander la vie. Dans ce moment un coup de feu qui sans doute m'était destiné, le blesse au bras; je le relève, le rassure, et lui mettant dix ducats dans la main, je le fais transporter dans une maison voisine. — Si le fait n'est pas tel, je t'abandonne ma tête.

ROBERT.

Ta générosité me charme; je te reconnais là, Wolbac.

ROLLER, après un silence.

J'avais avec six de mes camarades forcé l'entrée et pénétré jusqu'à l'escalier du château; tout-à-coup nous sommes assaillis d'une grêle de pierres et de coup de fusils. Morgand tombe mort à mes pieds, Frisler est blessé à la tête, moi au bras : cette réception me rend furieux. Je monte, j'enfonce la porte; on nous résiste d'abord. Mais quelques coups de sabre écartent bientôt ces misérables dont la fuite nous laisse apercevoir une femme que la frayeur et l'inceritude du combat avaient privée de l'usage de es sens. Je la fis porter sur un lit par deux peronnes que je payai pour en avoir soin. — Voilà e fait; si j'ai failli, je mérite la mort.

ROBERT, à part.

Grace au ciel! je respire... on n'a point versé le sang innocent! (Haut.) Camarades, souvenezous du jour où le destin me fit tomber entre os mains dans les forêts de la Bohême; attaué, blessé, désarmé, au lieu de me donner la ort, vous me mîtes à votre tête et jurâtes de obéir. C'est dans cet espoir que je rétablis armi nous ce tribunal connu de nos ancêres et fondé par le grand Charlemagne, ce triunal secret et terrible qui frappait d'une mort ertaine ceux qui, par leur crédit ou leur forune, savaient détourner de dessus leurs têtes oupables le glaive des lois ordinaires. Nos roits sont fondés sur leurs crimes; nous les naintenons par la force, sachons la rendre resectable par l'équité de nos jugements. Que le célérat de quelque rang qu'il soit, tremble en pprenant qu'il existe des juges incorruptibles ui pèsent dans la même balance l'homme qui epose sous le chaume et l'homme entouré du aste de l'opulence. Oui, camarades, secourir es opprimés, punir les oppresseurs, voilà le erment qui nous lie, le sentiment qui doit nous nimer. — Toi, Razmann, on m'a vanté ta conluite, je veux la connaître.

RAZMANN, le bras en écharpe.

Capitaine, je n'ai fait qu'obéir à tes ordres. e peuple charmé de la mort du comte, se porait en foule au château pour assouvir sa vengeance sur tous ceux qui avaient entouré ce yran. Je veux m'y opposer : on me soupçonne, n me presse, on m'environne : une troupe de urieux armés de flambeaux se disposaient à nettre le feu aux magasins. A cette vue quoique affaibli par deux blessures, je rappelle ma igueur, je fends la presse avec mon peloton; t, opposant la force à la force, je parviens enfin à dissiper ces incendiaires.

FORBAN.

Capitaine, il ne dit pas tout. Je l'ai vu s'éancer dans la foule, et arracher lui-même le lambeau de la main d'un de ces furieux. L'incendie allait commencer, et sans lui le château ne serait plus aujourd'hui qu'un monceau de cendres.

ROBERT.

Razmann, viens que je t'embrasse. — Camarades, en me choisissant pour votre chef, vous m'avez donné le droit de récompenser et de punir. Je punirai avec sévérité, mais je récompenserai avec magnificence. Cent ducats sont désormais le prix d'une belle action, et c'est par toi, Razmann, que je commence. (A Forban.) Forban, je te charge de les lui compter.

FORBAN.

Il suffit.

RAZMANN.

Ton approbation m'est plus chère que les cent ducats. Je les accepte pourtant, à condition que nul d'entre nous n'osera jamais les refuser. — Mais il me reste une autre faveur à solliciter.

ROBERT.

Quelle est-elle? parle...

RAZMANN.

Un jeune homme qui nous suit depuis plusieurs jours voudrait entrer dans ta compagnie. J'ai osé lui promettre que tu l'entendrais.

ROBERT.

Voyons. Qu'il paraisse. Razmann, va le chercher. (A part.) Il court à sa perte, il faut l'en empêcher.

SCÈNE III.

LES PRÉCÉDENTS, ROSINSKY.

ROSINSKI, à part.

Enfin, je vais donc voir ce Robert, cet homme étonnant!

ROBERT.

Approche, ami, que cherches-tu?

ROSINSKY.

Je cherche des hommes... oui, des hommes, car je n'ai jusqu'ici trouvé que des tigres.

ROBERT.

Et qui t'amène parmi nous?

ROSINSKY.

La fatalité de mon étoile et l'injustice de mes semblables.

ROBERT, à part.

Encore des plaintes!... toujours des malheureux! et si jeune encore?...

ROSINSKY.

(A part.) Dissimulons. (Haut.) Oui, je suis jeune, mais les cheveux qui couvrent ta tête sont moins nombreux que mes revers.

ROBERT.

Et quel est ton dessein?

ROSINSKY.

D'obéir à tes ordres, de vous suivre, de protéger avec vous le faible contre la tyrannie des grands, si telle est votre institution.

ROBERT.

Oui, ce sont nos statuts. Mais ta résolution n'est-elle pas l'idée d'une tête exaltée? (Aux brigands.) Éloignez-vous tous, que je l'interroge.

(Les brigands se retirent.)

SCÈNE IV.

ROBERT, ROSINSKY.

ROBERT.

Nous voilà seuls, bon jeune homme; as-tu bien réfléchi? Connais-tu la profondeur de l'abîme où tu te précipites? Quoi! il existe des lois, et tu fuis la société pour t'attacher à ceux qu'on nomme des brigands? Quel est ton nom?

ROSINSKY, à part.

N'allons pas nous trahir! (Haut.) Je m'appelle Rosinsky.

ROBERT, avec confiance.

Rosinski, écoute. — L'attrait d'une vie indépendante a pu éblouir ta jeunesse. L'abus de tous les pouvoirs, l'impuissance des lois, l'injustice de leurs ministres ont dû frapper ton imagination et révolter ta sensibilité. Mais, nous qui punissons les méchants, quel droit avons-nous de redresser leurs torts, de suppléer par la force à l'insuffisance des lois? — Nous n'en sommes pas moins appelés des brigands, nos jugements des crimes, nos arrêts des assassinats. — Crois-moi, si ton ame est flattée par l'espoir de quelque renommée, ah! fuis, jeune insensé! il ne croît pas de lauriers parmi nous. Les dangers, la mort, l'infamie, voilà notre partage. (Il se retire à l'écart.) Vois-tu, sur cette colline, cet affreux monument de la justice?... C'est le tombeau qu'on garde à nos pareils.

ROSINSKY.

Qu'est-il encore à craindre pour qui ne craint pas la mort?

ROBERT, avec dédain.

La mort! — La mort n'est rien. — Mais si tes mains étaient souillées du sang de ton semblable! Si tu portais sur ton ame le poids affreux d'un homicide!... Jeune homme, tu ne dormirais plus. — Mon enfant, je te parle en père. (Il lui prend la main confidemment.) Tiens, je commande à trois cents hommes capables de tout entreprendre, déterminés à mourir à mon premier coup-d'œil; je puis disposer de cent mille ducats qu'ils ont mis en réserve comme la part de leur chef. (Avec force.) Eh bien! j'abandonnerais mon commandement, ces vils trésors et dix années de ma vie, pour goûter un quart-d'heure le sommeil de l'innocence. (Ému.) Éloigne-toi, te dis-je, je ne veux pas avoir ton malheur à me reprocher.

ROSINSKY.

(A part.) Quelle élévation d'ame! (Haut.) Non, je ne vous quitte plus.

ROBERT, le repoussant.

Tu te perds, malheureux...

SCÈNE V.

ROBERT, ROSINSKY, FORBAN.

FORBAN.

Capitaine, nous t'attendons pour le mot d'ordre des vedettes.

ROBERT, à Rosinsky en s'en allant.

Je te laisse y rêver, et je reviens.

(Robert et Forban sortent.)

SCÈNE VI.

ROSINSKY, seul.

Faisons tout pour qu'il me reçoive, et cachons-lui sur-tout que je suis le fils de ce même comte de Berthold, dont il a réclamé la protection auprès de l'empereur. Puisse ma dernière dépêche avoir touché le cœur de ce monarque pour un infortuné d'un mérite aussi rare!

SCÈNE VII.

ROSINSKY; ROBERT revient.

ROBERT, à Rosinsky.

Eh bien! es-tu déterminé?

ROSINSKY.

Déterminé comme à la mort.

ROBERT, après une réflexion.

C'en est assez, Rosinsky, je te reçois dans ma compagnie; mais apprends que tout brigands que l'on nous nomme, le crime parmi nous est puni, et la vertu récompensée. Amis, il est temps de relever les postes, et de savoir où nous sommes.

WOLBAC, à Rosinsky.

Allons, camarade.

(Wolbac, Razman, Roller et tous les brigands, à l'exception de Forban, sortent avec Rosinsky. Celui-ci revient pour épier les actions de Robert, en se tenant dans l'éloignement.)

FORBAN, à Robert.

Notre marche nocturne a tellement brouillé ma géographie, que je ne sais pas même m'orienter.

ROBERT.

Je vois un laboureur qui pourra nous en instruire; qu'on l'amène. (Forban va le chercher.) Quels monstres on rencontre dans la société! C'est pourtant là que nous trouverons un jour nos juges, si je ne parviens à changer la face de cet empire.

SCÈNE VIII.

ROBERT, FORBAN; des BRIGANDS dans le fond; UN PAYSAN, tenant par la main un ENFANT de sept à huit ans.

LE PAYSAN, effrayé.

Ah! Messieurs... Messieurs, épargnez un pauvre homme.

ROBERT, avec bonté.

Rassurez-vous, mon père, approchez; vous n'avez pas de meilleurs amis que ceux que vous voyez autour de vous.

LE PAYSAN.

Pardon... On parle de brigands qui sont re-

...tirés dans cette forêt; mais je vois bien que vous êtes d'honnêtes gens.

ROBERT.

Encore une fois, ne craignez rien, et dites-nous où nous sommes.

LE PAYSAN.

Dans la Franconie.

ROBERT, étonné.

Dans la Franconie?

LE PAYSAN.

Sur les terres du comte de Moldar.

ROBERT, à part.

Dieux! je suis dans l'héritage de mes pères. Je respire le même air que Sophie. (Haut.) Ah! mon ami, connaîtriez-vous le vieux comte de Moldar?

LE PAYSAN.

Hélas! j'étais autrefois son premier jardinier.

ROBERT.

Comment! vous aurait-il renvoyé? Lui, qui aimait tant à faire des heureux!

LE PAYSAN.

Ah! je le serais sans doute, s'il vivait encore.

ROBERT, avec douleur.

Il est mort! (A part.) O ciel!... et je n'ai pu fermer ses yeux. (Haut.) Eh! mon ami, quel bon maître vous avez perdu!

LE PAYSAN.

Nous ne le savons que trop; aussi n'est-il pas un seul homme dans le canton qui n'eût donné sa vie pour prolonger la sienne... Quel convoi!... hommes, femmes, enfants, tout le monde y était et fondait en larmes. — Tenez, depuis sa mort, pas une bonne récolte, pas une bonne année. La grêle, les débordements nous laissent à peine de quoi payer les impôts. — Quelle différence de lui à son fils!... Mais nous étions trop heureux, et les bons maîtres ne vivent jamais assez long-temps. Adieu, Monsieur. (Il veut s'en aller.)

ROBERT.

Restez, mon ami, restez. Votre journée ne sera pas perdue. (En tremblant.) Quelle fut, dit-on, la cause de sa mort? Son âge n'était pas si avancé.

LE PAYSAN.

Le chagrin que ses enfants lui ont causé.

ROBERT, à part.

Ah! malheureux! chaque mot est un coup de poignard. (Haut.) Quoi! Ses deux fils...

LE PAYSAN, attendri.

Il ne lui en restait plus qu'un, pour son malheur et le nôtre; l'aîné, qui seul devait consoler sa vieillesse et devenir seigneur du canton, est sans doute mort, puisqu'on n'entend plus parler de lui.

ROBERT.

Vous pleurez, bon vieillard?...

LE PAYSAN, sanglotant.

Je ne puis en parler, sans avoir le cœur suffoqué. Ah! le bon seigneur que cela aurait fait! comme nous serions heureux!

ROBERT, à part.

Ah! Robert! quels biens tu as perdus! (Haut.) Vous le connaissiez donc?

LE PAYSAN, avec une explosion de larmes.

Si je le connaissais? moi... Tenez, voici son filleul.

(Il lui présente l'enfant.)

ROBERT.

Du comte de Moldar?

LE PAYSAN.

Non. De son fils Robert avec Sophie de Northal.

ROBERT.

Avec Sophie!... Sophie! (Il le reconnaît.) Ah! c'est mon cher Guillaume... et voici mon petit Robert!...

(Il l'embrasse avec violence.)

L'ENFANT.

Mon père, il me fait mal.

LE PAYSAN le fixe.

Vous m'effrayez, monsieur... Seriez-vous?...

ROBERT, à part.

Mon émotion me trahit. (Haut.) Ne soyez pas étonné de me voir si bien instruit. J'ai connu Robert de Moldar à l'université de Leipsick. Il était mon meilleur ami, tous les secrets de son cœur m'étaient connus. Recevez ce présent de sa part. Je suis sûr qu'il m'en tiendra compte.

(Il lui donne une bourse.)

LE PAYSAN.

C'est trop, monsieur... c'est trop. Ma femme ne croira jamais...

ROBERT.

Garde tout, mon ami, tout, tout. (Avec un soupir.) Et que fait-elle? que fait la charmante Sophie?

LE PAYSAN.

Ses jours se consument dans la tristesse; son seul plaisir est de soulager les pauvres.

ROBERT.

Céleste créature! et son époux?

LE PAYSAN.

Son époux?... Elle n'est pas mariée...

ROBERT, le prenant par la main.

Que dites-vous? (Avec sensibilité.) Elle n'est pas mariée!...

LE PAYSAN.

Non; il s'est présenté bien des comtes, des barons, mais elle a refusé tous les partis; ils ressemblaient trop peu à l'époux qui lui était destiné, à Robert!

ROBERT, vivement.

Elle ne l'a pas oublié?

LE PAYSAN.

Oh bien oui, oublié! On n'a pas plus tôt prononcé son nom devant elle, que les larmes lui viennent aux yeux. Encore hier, elle était venue apporter un habillement tout complet à son filleul: Tiens, mon petit ami, a-t-elle dit en l'embrassant, c'est peut-être le dernier présent que je te fais, car je n'ai plus de bonheur sur la terre, depuis que tu as perdu ton parrain... Elle s'est mise à pleurer, et nous aussi. — Qu'avez-vous, monsieur, vous vous trouvez mal?...

ROBERT, abattu.

Elle l'aimerait encore? lui... un malheureux... un brigand...

LE PAYSAN.

Quel nom lui donnez-vous? Oh! reprenez votre argent... Je ne veux rien avoir à l'ennemi de mon bienfaiteur.

(Il lui jette la bourse, et veut s'en aller.)

ROBERT, la ramasse, et court après lui.

Que faites-vous? gardez-le, je vous en conjure. Sophie l'aimerait!... lui est restée fidèle!... (Il tire sa lettre.) Oh les cruels! comme ils m'ont trompé!...

LE PAYSAN.

Oui, l'on vous a trompé. — S'il est malheureux aujourd'hui, c'est pour avoir été trop bienfaisant, et moi, je serais criminel de lui être encore à charge. — Reprenez votre argent.

ROBERT, le repoussant.

Moi, que je le reprenne! ami! que dirait l'amant de Sophie?

LE PAYSAN.

Croyez donc qu'elle ne l'aimerait pas, s'il était l'homme que vous dites.

ROBERT, après un silence.

C'en est fait. Je n'y puis résister... Il faut que je la voie, que je me jette à ses pieds. (Aux brigands.) Qu'on fasse seller trois chevaux. Vous Wolbac et Roller, vous me suivrez. — Camarades, apprenez que ce territoire est sacré. Le premier d'entre vous qui, pendant mon absence osera toucher un fruit, attenter à la moindre propriété, foi de capitaine, aura vu le soleil pour la dernière fois.

(Ils sortent tous ainsi que Rosinski, qui pendant cette scène a fait connaître, par ses gestes, sa surprise et son admiration sur le caractère de Robert.)

ACTE TROISIÈME.

Le théâtre représente, d'un côté, le château de Moldar, de l'autre, un jardin magnifique avec des bosquets; sur le devant, un banc de gazon.

SCÈNE I.

ROBERT, seul, avec attendrissement, après avoir fixé tous les objets qui l'environnent.)

Le voilà donc le lieu de ma naissance... Ce château d'où je devais un jour répandre mes bienfaits sur un peuple qui m'aurait adoré!... Ce bosquet où Sophie a reçu mes premiers serments. Ce gazon où si souvent assis nous confondions nos ames dans les épanchements d'une tendresse mutuelle... O bien aimée maison de mon père! tu as vu le jeune Robert, et le jeune Robert était un enfant heureux; aujourd'hui tu le revois homme, et il est dans le désespoir. Il revient à toi, étranger, proscrit, chargé de malédictions... O jours de mon enfance, qu'êtes-vous devenus! Ma Sophie! je vais te revoir! Je tremble... mes genoux s'affaissent... une sainte frayeur pénètre tous mes sens... (Il tombe accablé sur un banc de gazon, puis se relève.) O douleur, ô remords! n'empoisonnez pas ce seul instant de joie, et j'abandonne à vos tourments tout le reste affreux de ma vie. — Malheureux! Je n'ai point à craindre d'être reconnu. Ah! ma voix est changée comme les traits de mon visage. (Il écoute.) Qu'entends-je?... (Il tremble.) On vient. C'est elle, sans doute... (Il s'encourage.) Robert... Robert! tu sais braver la mort et tu ne peux supporter les regards d'une femme! Remettons-nous. Ah! je ne puis. Fuyons....

(Il sort dans une agitation terrible et d'un pas précipité.)

SCÈNE II.

SOPHIE; RAIMOND, en soldat.

SOPHIE, un porte-feuille et une lettre à la main.

Ah! malheureuse! que vais-je devenir! il est mort.

RAIMOND.

Pardonnez-moi les larmes que je vous fais répandre, l'amitié l'ordonnait...

SOPHIE.

Il est mort!

RAIMOND.

Oui, mais de la mort des héros. Le premier il arbora l'aigle impériale au milieu du camp du sultan; déja blessé trois fois, il combattait encore quand un coup de mousquet l'abattit à mes pieds. C'est dans cet état que transporté sous une tente, il écrivit cette lettre d'une main défaillante... (A part.) Sa douleur me pénètre.

SOPHIE.

Il est mort, et avec lui tout le bonheur de Sophie!

RAIMOND.

Toute l'armée a regretté sa perte et rendu justice à sa valeur.

SOPHIE.

Ah! je sais trop de quoi son cœur était capable! (Avec résignation.) Mon ami, je vous remercie. (A part.) La vie depuis long-temps est un fardeau pour moi; cette nouvelle pourra m'en délivrer. (A Raimond qui s'en va.) Écoutez, sa fortune sans doute ne lui a pas permis de reconnaître vos soins; je dois m'en acquitter pour lui; acceptez, je vous prie, ce diamant.

(Elle pleure amèrement.)

RAIMOND.

Ah! mademoiselle, croyez... (A part.) Quel cœur j'afflige!... je n'y puis plus tenir... sortons... je découvrirais tout.

(Il sort précipitamment.)

SCÈNE III.

SOPHIE, seule et accablée.

C'en est fait, il n'est plus... le seul espoir qui me reste est de le suivre. Consolons-nous, mon cœur me dit que je ne souffrirai pas long-temps. O Robert!... Robert!... pourquoi mourir le premier? pourquoi me laisser seule dans un monde où je n'aimais que toi? — Arbres... bosquets... gazons... il ne vous verra plus... plus jamais!... Allons il faut quitter ce château... on m'y parlerait encore d'amour, quand je ne desire plus que la mort. — Il me vient une idée.. je puis me retirer chez Guillaume, adopter ses enfants, faire le bonheur de toute sa famille... là on ne m'entretiendra que de Robert, de lui seul; ils respecteront ma douleur, ils pleureront avec moi. — Ah! je sens qu'on est moins malheureux quand on peut être encore bienfaisant.

SCÈNE IV.

SOPHIE, MAURICE.

MAURICE, d'une feinte tristesse.

Je vois trop bien, mademoiselle, que vous êtes instruite de la perte que nous venons de faire; — elle est commune à tous deux, et notre devoir est de confondre nos larmes.

SOPHIE.

Ce soldat était donc aussi chargé pour vous, par votre frère?... Ah! nous sommes affectés trop différemment pour pouvoir pleurer ensemble. — Moi, je perds tout, tout; — et vous, vous triomphez!

MAURICE.

L'intérêt ne saurait altérer mes sentiments. Je suis loin de blâmer votre douleur.

SOPHIE, avec un soupir.

Ah! si vous l'approuvez, pourquoi donc l'interrompre?

MAURICE.

J'ai craint qu'on n'eût pas assez ménagé votre sensibilité, et je venais raffermir votre ame contre le coup mortel que cette nouvelle a dû vous porter.

SOPHIE.

Mon cœur a besoin de solitude, et n'est en état ni de donner ni de recevoir de consolation.

(Elle veut s'en aller.)

MAURICE, la retient.

Quoi! toujours me fuir! me reprocher jusqu'au sentiment qui m'attache à vos pas! j'ai dû vous pardonner un instant d'humeur que mon trop d'empressement a provoqué sans doute; mais le terme de mépris vous est échappé, et vous sentez combien ce mot est révoltant pour un cœur qui n'est ni moins noble ni moins élevé que celui de Robert.

SOPHIE.

Ah! jouissez des biens que sa mort vous laisse; mais au nom du ciel et de mes larmes, n'insultez pas à sa cendre.

MAURICE.

Dites-moi au moins, belle Sophie... que vous ne me méprisez pas.

SOPHIE.

Je ne puis plus haïr ni mépriser. Hélas! tout dans l'univers m'est désormais indifférent.

MAURICE.

Ah! Sophie, si la mémoire de Robert vous est chère, que ne remplissez-vous ses dernières volontés, en recevant de ma main le rang et la fortune qu'il vous destinait? votre sort est de régner sur les deux frères. Venez, tout est prêt, l'autel vous attend; soyez l'épouse de Maurice, et tout est à vos pieds.

SOPHIE, étonnée.

Moi, votre épouse!

MAURICE.

Mon offre est-elle un déshonneur?

SOPHIE, montrant la lettre qu'elle croit de Robert.

O mon Robert! auprès de ton cercueil, vois ce monstre outrager ta veuve!

MAURICE, d'une fureur étouffée.

Vous osez refuser?

SOPHIE, fièrement.

Et toi, qu'oseras-tu?

MAURICE.

Vous êtes en ma puissance...

SOPHIE.

Les lois me protégeront.

MAURICE.

Songez qu'après avoir prié, je pourrais vous parler en maître.

SOPHIE.

Ce dernier trait manquait à toutes tes perfidies.

MAURICE, la prenant par la main.

Il faut donc vous prouver...

SOPHIE, se débat.

Quoi! jusqu'à la violence!

MAURICE, l'entraîne.

Oui, dussé-je vous traîner à l'autel... je veux... j'exige...

SOPHIE, lui arrache son poignard.

Ah! scélérat! (Il la quitte; elle applique le poignard à son sein.) Je ne te crains plus.

SCÈNE V.

MAURICE, SOPHIE, ROBERT.

ROBERT, à Maurice.

Que faites-vous? monsieur, qui que vous soyez, respectez une femme; cessez de l'outrager.

SOPHIE.

Aux dépens de ma vie j'allais prévenir son attentat.

(Elle jette le poignard, Maurice le ramasse.)

MAURICE.

Mais vous, qui osez me donner des leçons, qui êtes-vous? De quel droit entrez-vous ici, et qu'y venez-vous faire?

ROBERT.

Je suis le baron d'Albert. Je cherche une demoiselle qui demeure dans un des pavillons de ce château.

MAURICE.

Son nom?

ROBERT.

Sophie de Northal.

SOPHIE.

Qui? moi? hélas! qui peut encore s'intéresser à mon sort?

MAURICE.

De quelle part?

ROBERT.

C'est un secret que je ne suis point chargé de confier.

MAURICE.

Savez-vous qu'ici tout est soumis à mon autorité, et que je puis faire punir l'insolent qui oserait y résister? Encore une fois, de quelle part, vous dis-je? Répondez, votre vie en dépend.

SOPHIE, à Robert.

Ah! parlez, je vous en conjure... que je ne sois pas la cause d'un malheur. Je n'ai rien dans mon ame qui ne puisse être connu.

ROBERT.

Je méprise ses menaces, mais vous le voulez, il suffit. Apprenez donc que c'est de la part de mon ami Robert, le comte de Moldar.

SOPHIE, fait un cri.

De Robert?

MAURICE, étonné.

(A part.) De mon frère! un frisson mortel m'a saisi.

(Il examine Robert.)

SOPHIE.

Ah! monsieur, je sais trop qu'il n'est plus de Robert pour moi!

ROBERT.

Que dites-vous? plus de Robert! (A part.) Malheureux!

SOPHIE.

Lisez vous-même. Voici la lettre qu'il m'a écrite avant sa mort, et qu'un soldat vient de me remettre.

ROBERT, étonné.

Une lettre avant sa mort... Remise par un soldat... Permettez...

(Il lit.)

MAURICE, inquiet fixe Robert.

Ses traits... sa taille... sa démarche...

ROBERT, lit.

Cette lettre est une perfidie, et le soldat un imposteur. — Robert de Moldar est vivant.

MAURICE, effrayé, à part.

Qu'entends-je?

SOPHIE.

Il vivrait! Dieu!

MAURICE, à part.

Mon projet est détruit.

SOPHIE, avec sensibilité.

Ah! ne trompez pas ma douleur... Il vivrait!

ROBERT.

Je l'ai vu, je lui ai parlé.

MAURICE, à part.

Serait-ce lui-même?

SOPHIE.

Où? dans quels lieux? dans quel pays?

ROBERT.

Dans notre Franconie.

MAURICE, à part.

Que ce soit un autre ou Robert, il faut d'abord m'en assurer.

(Il sort.)

SCÈNE VI.

SOPHIE, ROBERT.

SOPHIE, le mouchoir sur les yeux.

Ah! s'il savait les pleurs que j'ai versés pour lui, il ne se pardonnerait pas de m'avoir abandonnée.

ROBERT, avec chaleur.

Lui, vous abandonner! mais quoi! banni de la maison paternelle, déshérité, proscrit, persécuté de toutes parts, que pourrait-il vous offrir?

SOPHIE.

Une chaumière et son cœur, je n'aurais rien à desirer.

ROBERT.

Malheureux comme il est...

SOPHIE, l'interrompant.

Ah! quel que soit son sort, mon bonheur est de le partager.

ROBERT.

Son sort est affreux.

SOPHIE, le prenant doucement par la main.

Parlez, est-il dans le besoin?... Il me reste encore des bijoux... Je ne les eusse portés que pour lui plaire, il me sera doux d'en être privée pour lui, venez. — (Elle le regarde.) Que vois-je! vous pleurez?

ROBERT, à ses genoux.

Ah ! Sophie !

SOPHIE, égarée.

Mon Robert !

ROBERT.

Bien indigne de vous.

SOPHIE, crie.

C'est impossible... On vient, levez-vous et dissimulez, ou nous sommes perdus tous deux.

SCÈNE VII.

ROBERT, SOPHIE, MAURICE; plusieurs GARDES.

MAURICE, aux gardes.

Le voilà. Courez tous, assurez-vous de lui et qu'on l'amène à la tour. Vous m'en répondez sur vos têtes.

(Les gardes veulent le saisir.)

ROBERT, leur présente deux pistolets.

Misérables ! le premier qui s'avance est mort.

MAURICE, aux gardes.

Que tardez-vous ?

SOPHIE, se jette entre eux.

(A Maurice.) Vous oseriez !... Un étranger !... L'ami de votre frère !...

ROBERT, à Maurice.

C'est toi que je devrais punir de violer en moi l'hospitalité, toi qui n'as de courage que pour outrager une femme.

MAURICE, aux gardes.

Vous l'entendez, et restez indécis ?...

SOPHIE, troublée.

Quel est son crime ? Qu'a-t-il fait ?

MAURICE, aux gardes.

Ne voyez-vous pas que c'est un des brigands qui infectent cette contrée, et dont la tête est mise à prix ?

SOPHIE, plus troublée.

Lui ! un brigand ! Ah ! ne le croyez pas, c'est l'ami de son frère, de Robert votre bienfaiteur.

MAURICE.

Si ses intentions sont pures, il n'a rien à craindre, je lui rendrai justice ; mais je veux avant tout qu'il dépose ses armes et se livre à ma discrétion.

ROBERT.

Monstre ! à ta discrétion ! apprends que je ne perdrai la liberté qu'avec la vie.

MAURICE.

Eh bien ? gardes, obéisssez.

SOPHIE, tombant sur un banc.

Ah ! Dieu !

(Les gardes le couchent en joue ; il les attend le pistolet à la main.)

SCÈNE VIII.

LES PRÉCÉDENTS, FORBAN, WOLBAC, ROLLER.

(Ces trois derniers arrivent à grand bruit par différents côtés, le sabre à la main, et suivis de plusieurs autres brigands.)

WOLBAC, derrière la scène.

Le capitaine !... Mille tonnerres ! où est le capitaine ?

FORBAN, suivi d'autres.

Mort et damnation ! où est-il ? où est-il ?

ROLLER.

Le voici. (Aux gardes.) Arrêtez, malheureux !

FORBAN.

Bas les armes !... Vous hésitez ?...

WOLBAC, les menaçant.

Bas les armes, vous dis-je, ou votre vie n'est qu'un rêve.

ROBERT.

Wolbac, point de violence.

ROLLER, à Robert.

Que veux-tu que nous en fassions ?

ROBERT.

Je veux qu'on les épargne ; ils sont assez malheureux d'être les esclaves d'un tyran. (A Forban, d'un ton sévère.) Mais vous, Forban, que faites-vous ici ? Roller et Wolbac sont ceux qui devaient me suivre.

WOLBAC.

La vue des gens armés qui remplissent les cours du château m'avait donné quelque inquiétude, Je me mêlai dans la foule, et j'appris que ce château devait être attaqué par des brigands dont le chef était venu lui-même reconnaître les lieux. J'ai craint pour tes jours, et j'ai cru devoir demander le renfort que Forban s'est chargé d'amener.

ROBERT.

Dieu ! elle se trouve mal.

(Il la soutient.)

SCÈNE IX.

LES PRÉCÉDENTS ; ROSINSKY, accourant.

ROSINSKY, à Robert, en secret.

Un corps de troupes considérable se fait apercevoir du haut de cette colline ; dans une demi-heure, elles seront au pied de ce château ; je viens t'en prévenir et recevoir tes ordres.

ROBERT, en soutenant Sophie.

Qu'on s'apprête à partir.

(Plusieurs brigands sortent.)

ROLLER, en montrant Maurice.

Et qu'ordonnes-tu de ce malheureux ?

ROBERT.

Rien. (A Sophie.) Rassurez-vous, madame.

WOLBAC.

Il pourrait nous servir d'otage.

ROBERT, d'un ton ferme.

Wolbac, trêve de conseils. (A Sophie respectueusement.) Reprenez vos esprits, consolez-vous, madame; Robert ne saura pas l'accueil que l'on a fait à son ami. — Vous le reverrez sans doute, car son courage doit être au-dessus de ses malheurs, puisqu'il est aimé de Sophie. (A Maurice.) Et vous, si vous aimez la vie, respectez cette personne; malheur au misérable qui oserait lui faire le moindre outrage. (A Forban.) Je te charge, Forban, de faire veiller sur elle. (A Sophie.) Où voulez-vous qu'on vous conduise?

SOPHIE.

Ah! chez Guillaume, le fermier.

ROBERT.

Forban, douze hommes à sa porte.

FORBAN.

Comptez sur moi, j'en réponds sur ma tête.

(Sophie est suivie de Forban et de plusieurs brigands; Robert salue respectueusement.)

ROBERT, aux brigands.

Allons.

(Ils sortent tous, se moquant de Maurice devant lequel ils passent.)

SCÈNE X.

MAURICE, furieux.

Je l'ai donc enfin reconnu! oui, c'est mon frère... mon rival... C'est Robert lui-même qui est à leur tête! il venait me braver, et les malheureux me laissent à la merci de ce brigand.

(Il se jette de dépit sur un banc de gazon, et réfléchit.)

SCÈNE XI.

MAURICE, BERTRAND.

BERTRAND.

Je viens vous rendre compte de la mission dont vous m'avez chargé.

MAURICE, effrayé.

Je sais tout: le comte de Marbourg est mort assassiné; Bertrand, le même sort peut-être me menace.

BERTRAND.

On vient à votre secours; plusieurs régiments paraissent dans la plaine.

MAURICE.

Est-il bien vrai, Bertrand? ne t'es-tu pas trompé?

BERTRAND.

Ils seront tout-à-l'heure aux portes du chateau. La retraite des brigands est découverte, et déja l'on s'apprête à marcher sur leurs traces.

MAURICE, avec transport.

Qu'on s'attache sur-tout à la personne de leur chef. Mort ou vif, qu'il me soit livré... à cette condition on peut offrir la vie aux autres. (A part.) Sophie, Robert... Misérables, tremblez, l'instant de ma vengeance approche.

ACTE QUATRIÈME.

Le théâtre représente une forêt sombre. Les brigands sont dispersés par groupe; les uns, couchés à terre, jouent aux dez; d'autres boivent, fument ou dorment. D'un côté, sur le devant, est Razmann, le bras en écharpe, examinant avec attention des papiers, et se servant de temps en temps d'un crayon qu'il tient dans la main. De l'autre côté, sur le devant, est un brigand qui ferme un livre, et semble continuer une conversation avec de ses camarades. On voit à terre des cruches pleines de vin et des verres.

SCÈNE I.

DES BRIGANDS.

UN BRIGAND, fermant un livre.

Oui, je le soutiens à la honte du siècle, notre race est abâtardie. L'homme d'aujourd'hui ne ressemble pas plus à l'homme d'autrefois, que la vie d'un bûcheron à celle d'un sybarite, ou la tête d'un petit maître au buste de Marius. — Tenez, quand j'ai le cerveau farci de quelques pages de Plutarque, et que mes réflexions se tournent par hasard sur les petites intrigues et le caractère chétif de mes contemporains, je crois sortir d'un cercle de grands hommes pour m'amuser un instant à voir danser les marionnettes.

UN SECOND BRIGAND.

Bravo! un verre de vin là-dessus, et son raisonnement n'en vaudra que mieux.

(Ils se versent à boire.)

RAZMANN, examine des papiers.

Quelle abomination! Voilà des preuves sans réplique.

LE PREMIER BRIGAND, après avoir lu.

N'es-tu pas de mon avis, Razmann?

RAZMANN, en colère.

Laissez-moi... Je suis indigné contre tout ce qui porte le nom d'homme, ce baron de Starfelds est un monstre.

LE PREMIER BRIGAND.

C'est pour le juger que le tribunal s'assemble demain. Le capitaine m'a chargé de le défendre; mais comment faire? J'ai parcouru tout le canton pour recueillir un seul fait qui pût parler en sa faveur; mais rien. — Et j'aurais pu former un volume des vexations qu'il a commises.

RAZMANN, examine les papiers.

Tenir un vieillard dans les fers!... pendant quinze mois! l'ôter à sa femme!... à ses enfants!... ruiner toute une famille! — pour un coup de fusil tiré sur un chevreuil!... (pensif, il continue.) sur un chevreuil! Et de pareilles horreurs se commettent dans la Germanie!... et dans le quinzième siècle encore! sur ce peuple que César sut dompter sans jamais pouvoir le rendre esclave. — Mort de mon ame! camarades, croyons-en notre capitaine. Ne bornons pas nos exploits à punir les oppresseurs de notre patrie, rendons nos bienfaits universels. Analysons les droits que la nature a départis à notre espèce; adressons ce manifeste à tous les peuples courbés sous le joug des tyrans, à tous les hommes encore capables de sentir la dignité de leur être. Réveillons nos compatriotes, qu'ils se réunissent à nous, et la Germanie deviendra un état libre, auprès duquel et Rome et Sparte n'auront été que des couvents de nones. A boire, camarades. (On lui verse à boire.) A la santé du capitaine Robert.

LE PREMIER BRIGAND, se versant à boire.

De notre général Robert.

UN SECOND BRIGAND.

Du grand réformateur Robert.

UN TROISIÈME BRIGAND, buvant.

Du premier des hommes.

RAZMANN, après avoir bu, égoutte son verre.

Que n'est-ce là le sang du dernier des tyrans!

LE PREMIER BRIGAND.

Je donnerais le mien pour l'obtenir.

RAZMANN.

Patience! leur règne finira. — Rappelez-vous les paroles du capitaine, quand après l'avoir attaqué dans les forêts de la Bohême, nous tombâmes à ses pieds pour le prier d'être notre chef. — « Oui je le serai, dit-il, si vous me jurez d'être justes. Rome fut fondée par des brigands, et Rome n'en devint pas moins la maîtresse du monde; que cet exemple vous inspire, et faisons pour la Germanie ce qu'ils firent pour l'univers. » Robert nous l'a promis, camarades, il tiendra sa parole.

LE PREMIER BRIGAND.

Il n'est rien de si grand dont il ne soit capable; mais son projet exige...

RAZMANN, l'interrompt.

De la tête, du cœur, et des bras dévoués à Robert.

LE PREMIER BRIGAND.

Voici sans doute le capitaine.

SCÈNE II.

LES PRÉCÉDENTS, FORBAN.

FORBAN.

Robert est de retour. N'est-il rien arrivé depuis son départ?

RAZMANN.

Rien; mais chez vous y a-t-il eu quelque escarmouche?

FORBAN.

Non, pas une chiquenaude. (Ils se versent à boire.) On allait faire sauter la cervelle au capitaine; nous sommes arrivés à temps, et tout s'est pacifié.

TOUS LES BRIGANDS, avec intérêt.

Au capitaine!

RAZMANN.

Et vous en êtes restés là?

FORBAN.

Il nous a défendu d'agir. Le voici. — S'il en est qui soient pris de vin, je leur conseille de se retirer, car il est d'une humeur de tigre.

SCÈNE III.

LES PRÉCÉDENTS, ROBERT, WOLBAC, ROLLER et autres.

(Tous les brigands qui sont couchés se lèvent à son arrivée.)

ROBERT, voyant des bouteilles de vin.

Que s'est-il passé ici?

RAZMANN.

Nous avons bu à ta santé, Capitaine; j'ai écorné le rouleau de ducats dont tu m'as gratifié.

ROBERT, froidement.

Tu pouvais en faire un meilleur usage. — Laissez-moi, j'ai besoin d'être seul.

(Tous les brigands sortent à l'exception de Razmann et Forban, qui se tient dans l'éloignement, tant que Robert et Razmann parlent ensemble.)

RAZMANN.

Voici le rapport dont tu m'as chargé, et que je viens d'achever.

ROBERT, regarde le papier, puis d'un ton sévère.

Contre le baron de Starfelds! — Comment, un travail de cette importance... fait dans une orgie... le verre à la main... le cerveau échauffé!... et tu oses me le présenter?

RAZMANN.

Capitaine, je me souviens de mes serments, et connais mon devoir. Ma tête était saine, et mon cœur juste quand je le fis. — Je provoque sur moi-même toute la sévérité du tribunal, si l'on peut me convaincre de la moindre exagération.

ROBERT.

Il suffit. Demain aux premiers rayons du jour

le tribunal s'assemble, tu peux t'y préparer; mais ce sont des faits... sur-tout qu'il nous faut.

(Il lui rend son rapport.)

RAZMANN.

Vous n'en manquerez pas.

(Il sort.)

SCÈNE IV.

ROBERT, FORBAN.

FORBAN.

Un mot, capitaine.

ROBERT.

Parle.

FORBAN.

Nous avons parmi nous un traître, et c'est à toi qu'il en veut.

ROBERT.

Nomme-le.

FORBAN.

Rosinsky. — Tu nous quittais à peine que me promenant à deux pas d'ici, j'entrevois un homme qui, à la faveur des broussailles semblait épier nos démarches. Son air mystérieux me frappe, je m'approche, il veut fuir, je l'arrête. Effrayé par mes menaces, il s'avoue chargé d'une lettre pour Rosinsky; ce nom redouble ma curiosité; je le questionne, il se trouble, il balbutie, je lui présente un pistolet; à cette vue, il se jette à mes pieds et ajoute que le nom de Rosinsky lui paraît un nom supposé; que des dépêches importantes arrivées dans le jour exigent sa présence au village voisin où il est attendu par un courrier. — Cette lettre au surplus pourra débrouiller l'énigme.

(Il lui donne la lettre.)

ROBERT, la regardant.

Elle est cachetée.

FORBAN.

Capitaine, songe que ta tête est mise à prix; ce jeune homme veut la livrer, voilà mon avis.

ROBERT.

Il suffit. Qu'on m'envoie Rosinsky.

(Forban sort.)

(Robert met la lettre dans sa poche, et se jette accablé au pied d'un arbre.)

SCÈNE V.

ROBERT.

Quelle destinée! tout conspire contre ma vie. — Un seul être dans le monde s'intéresse à moi; c'est Sophie... Et il faut la fuir pour toujours! Ah! Maurice! jamais, non, jamais je ne t'ai offensé, et tu as empoisonné le seul instant de joie que huit ans d'infortunes eussent offert à ton frère. (Avec résignation, il se lève.) N'en doutons pas; il est des hommes faits pour éprouver tous les malheurs, des hommes que le destin s'acharne à poursuivre sans relâche, et sur qui pèse invariablement la main de la fatalité. Il faut remplir mon sort.

SCÈNE VI.

ROBERT, ROSINSKY, et successivement tous les autres.

ROBERT, à Rosinsky.

Approche. (Il le fixe long-temps.) Rosinsky, on te soupçonne d'une trahison.

ROSINSKY, étonné.

Moi!

ROBERT.

Toi-même.

ROSINSKY.

J'en suis incapable, voilà toute ma réponse.

ROBERT.

J'aime à le croire. — Écoute, je ne crains rien d'un homme généreux, et j'estime trop peu ma vie pour la disputer à un traître; mais malheur à qui oserait attenter à celle de mes camarades.

SCÈNE VII.

LES PRÉCÉDENTS; FORBAN, accourant.

FORBAN.

Capitaine, nous sommes découverts, plusieurs régiments sont à l'entrée de la forêt. — Qu'ordonnes-tu?

ROBERT, calme.

De nous réunir et de les attendre. (Il fixe Rosinsky.) Eh bien! Rosinski !... Cette nouvelle... (Il tire froidement la lettre et la lui donne.) Voici la lettre qu'on t'écrit.

ROSINSKY, étonné.

Une lettre!... On m'a trahi... (Il prend la lettre, rompt le cachet et la présente à Robert.) Tiens, lis, et juge-moi.

ROBERT, la repousse.

Tu l'offres, c'est assez.

ROSINSKY, allant au capitaine.

Capitaine, bientôt tu me connaîtras mieux. (A part en s'en allant.) Voyons par cette lettre, si j'ai pu réussir à sauver cet homme si rare.

(Il sort.)

SCÈNE VIII.

ROLLER, suivi de plusieurs brigands.

Aux armes, aux armes, capitaine; dans six minutes nous sommes environnés.

RAZMANN, suivi d'autres.

Capitaine, plusieurs milliers de dragons, de chasseurs et de hussards parcourent la forêt, et forment un cordon autour de nous.

WOLBAC, suivi d'autres.

Mille tonnerres ! nous allons leur donner de l'exercice ; capitaine, tu sais ce qui se passe.

ROBERT, calme.

Forban, ta troupe est-elle réunie ? Combien sommes-nous ?

FORBAN.

Trois cent dix, dont quatre blessés, en comptant Razmann.

RAZMANN.

Je n'ai pas le temps de l'être aujourd'hui. (A un brigand.) Ote-moi cette écharpe, je suis guéri.

ROBERT.

Avons-nous des munitions ?

FORBAN.

En abondance.

RAZMANN, saute de joie.

De la poudre et du plomb de quoi exterminer une armée.

ROBERT.

Vos armes sont-elles en état?

TOUS LES BRIGANDS.

Oui, oui.

ROBERT.

Amis, préparez-vous ; la journée sera chaude. (Aux brigands.) S'il en est parmi vous qui craignent le danger, il est encore temps; qu'ils se déshabillent et se retirent : je dirai que ce sont les voyageurs que nous avons dépouillés.

FORBAN.

Je réponds des miens, nous tomberons sur eux comme des lions affamés.

RAZMANN.

Le même courage nous anime tous, point de quartier sur-tout.

WOLBAC.

Point de quartier, je le jure, foi de brigand. Allons, capitaine, commande, nous te suivrons dans les gouffres de l'enfer.

(Il se range pour sortir.)

UN BRIGAND, arrive.

Capitaine, un envoyé de nos ennemis, qui se dit chargé de paroles de paix, demande à nous parler.

ROBERT, après un silence.

Qu'il vienne...

(Le Brigand le fait approcher.)

SCÈNE IX.

LES PRÉCÉDENTS, UN AUMONIER.

L'AUMONIER.

Messieurs, c'est un ministre de la religion qui paraît devant vous. Je suis seul, mais derrière moi sont trois mille hommes qui veillent sur ma vie.

ROBERT.

Approchez, et parlez sans crainte. Quelle est votre mission ?

L'AUMONIER.

Le magistrat souverain qui prononce sur la vie et la mort de vos pareils, me députe vers vous. (A Robert.) Mais c'est à vous sur-tout qu'il m'adresse, à vous, le chef de ceux qui vous entourent et marchent sous vos ordres, à vous dont l'existence n'est qu'un cercle de meurtres, et dont la main dégoutte encore du sang du comte de Marbourg. Comptez vos crimes et jugez par leur nombre quel doit être votre supplice. Eh bien ! si vous consentez à vous rendre, si vous vous remettez à la clémence du magistrat, il va fermer les yeux sur la moitié de vos forfaits, et de mille morts qu'ils ont méritées, peut-être même la plus douce peut encore vous être sauvée.

(Les brigands font tous un mouvement d'indignation.)

WOLBAC, à Robert.

Mort et malédiction ! il me prend une envie de lui couper la parole à coups de sabre.

ROLLER, à Robert.

A moi... à moi...

ROBERT, aux brigands.

Qu'aucun de vous n'ait la hardiesse de l'approcher ! (A l'aumônier.) Monsieur, vous nous voyez trois cents, accoutumés au feu, et incapables de fuir. Autour de nous sont, je le sais, trois mille hommes au moins, blanchis sous le mousquet. Eh bien ! écoutez ma réponse. J'ai rompu, il est vrai, toute subordination et partout j'ai porté l'épouvante aux méchants. Oui, le sang de l'oppresseur Marbourg teint encore les vêtements qui me couvrent. Mais ce n'est pas assez, (il étend la main et ôte un anneau de son doigt.) j'arrachai ce rubis de la main d'un ministre qui, pour satisfaire son luxe effréné, dilapidait les trésors de l'État, en prodiguant aux courtisans la substance des peuples opprimés ; je le rencontrai à la chasse environné de flatteurs; un coup de poignard mit fin à ses oppressions, mon tribunal l'avait jugé.

L'AUMONIER, sans chaleur et croisant les bras.

Vous osez avouer un tel meurtre ?

RAZMANN.

Hercule cachait-il les siens !

ROBERT.

Ce diamant fut celui d'un lâche magistrat, qui trafiquait de la justice et faisait plier à son gré les lois dont il était l'organe. Il venait de ruiner deux pères de famille, pour enrichir un des parents de sa maîtresse ; mon tribunal prononça son arrêt.

WOLBAC.

Et moi, je l'exécutai.

ROBERT.

Ce saphir enfin me rappelle tous les vices des gens de votre ordre ; il était au doigt d'un prélat hypocrite, qui prêchait le jeûne et la continence, en passant sa vie dans la débauche ; l'insolence de son faste, le débordement de ses mœurs scandalisaient le peuple, dont il avait eu l'art de fasciner les yeux, pour être élu; les portes de son palais, qui ressemblait à la demeure d'un sybarite, s'ouvraient avec fracas à l'approche du libertin titré, et une armée de valets en écartait avec outrage l'aveugle octogénaire qui venait implorer sa pitié. Il s'échappait des bras d'une femme impudique, pour aller à l'autel commettre un nouveau sacrilège. Je l'y surpris, et lui perçai le cœur.

L'AUMONIER, *furieux.*

Un prélat! et l'enfer ne s'est point ouvert sous tes pas?

ROBERT, *d'un ton glacé.*

Non, il s'est fermé sur les siens...

FORBAN, *riant.*

Il lui faisait là un assez beau présent...

L'AUMONIER, *l'interrompant en colère.*

Qui t'a rendu son juge? qui t'a donné le droit de le punir?

ROBERT, *fièrement.*

Qui!... l'injustice des tribunaux qui s'en laissaient corrompre et l'impuissance des lois qui ne pouvaient plus les atteindre. Depuis trop de siècles le faible était impunément le jouet du puissant. Il vous manquait un tribunal qui pût frapper les uns et protéger les autres: c'est ainsi qu'ont été jugés les scélérats que j'ai désignés. Gardez tous ces anneaux, cachets de leur réprobation; (*Il tire des papiers de son juste-au-corps.*) Voici les preuves de leurs forfaits, et leur arrêt de mort; portez-les à votre sénat, qu'il les voie, et qu'il tremble de nous avoir forcés à être plus justes que lui.

L'AUMONIER.

C'est donc là ta réponse? (*Aux brigands.*) Eh bien! écoutez tous, vous autres, ce que le magistrat me charge de vous notifier. — Si à l'instant vous lui livrez le scélérat qui se dit votre chef, non-seulement il vous fait grace de la vie, mais le souvenir même de vos forfaits est effacé. Vous rentrez dans la société, des exploits vous attendent, le chemin des honneurs vous est ouvert. — Courage donc, assurez-vous de lui, et soyez libres.

ROBERT, *aux brigands, après un long silence.*

Entendez-vous, messieurs! vous êtes environnés, captifs; on vous offre la liberté! Vous êtes jugés, condamnés; pourtant on vous laisse la vie. Hésitez-vous? est-il si difficile de choisir entre les fers et la liberté?

L'AUMONIER, *étonné.*

Cet homme est insensé. (*Aux brigands.*) Douteriez-vous de la bonne foi du magistrat! Voici votre pardon, scellé et signé de tous les membres. (*Il leur remet le papier.*)

ROBERT, *aux brigands avec force.*

Vous ne répondez pas? — Pensez-vous renverser cette haie de baïonnettes qui vous enveloppe? ou mettez-vous la gloire à braver le danger, dans l'espérance de tomber avec moi, et de mourir ainsi de la mort des héros? (*Avec élévation d'ame.*) Ah! désabusez-vous, ils ne vous en feront pas l'honneur, ne vous traiteront pas même comme moi, mais comme des vils brigands, de serviles instrumens dont je voulais user pour exécuter des desseins plus hardis, des entreprises plus élevées. — Entendez-vous ces cris? le cercle se resserre. Il ne vous reste qu'un moment, on approche. (*Avec force.*) Je vous rends à tous vos serments.

(*Tous les brigands observent un morne silence.*)

L'AUMONIER, *extrêmement étonné.*

Je reste confondu.

ROBERT, *aux brigands.*

Avez-vous peur que je n'annule par un suicide efféminé le traité qui m'attache à vous? non, voici toutes mes armes. (*Il les quitte, il jette tous ses poignards et ses pistolets.*) Livrez-moi, je renonce à tout, jusqu'à l'empire que j'ai sur ma personne; craignez-vous quelque résistance, j'attache ici mon bras à cette branche de chêne. — Regardez-moi, je suis sans défense... Un enfant pourrait m'accabler. (*Avec la plus grande explosion.*) Voyons qui mettra le premier la main sur son capitaine sans armes.

FORBAN, *avec un mouvement violent.*

Quand toutes les furies d'enfer nous entoureraient pour nous exterminer, quiconque n'est pas un traître sauve le Capitaine.

TOUS LES BRIGANDS, *dans un excès de joie.*

Sauve le Capitaine!

WOLBAC, *à l'aumônier.*

(*Il déchire le pardon, et le lui jette au nez.*)

Tiens, voilà ton pardon; le nôtre est à la pointe des sabres.

RAZMANN, *à l'aumônier.*

Sors d'ici, misérable, et va dire à ton sénat qu'il n'est pas un seul traître dans la troupe de Robert.

ROBERT, *à l'aumônier, avec froideur.*

Allez lui rendre compte de tout ce que vous avez vu; des brigands aussi pleins d'honneur sont par-tout des hommes invincibles. (*L'aumônier se retire.*) Amis! ce n'était point sur vous une épreuve que je faisais, mais pour inspirer la terreur à tous ceux qui vont nous combattre. Je n'ai jamais douté de vous. (*Aux brigands.*) Camarades, nous sommes libres, je me sens en état de résister à une armée. (*On entend battre la caisse, sonner l'attaque et tirer le canon.*) On sonne la charge, ne nous laissons pas surprendre. Allons, mes amis, suivez moi; la liberté ou la mort: voilà notre cri du combat.

TOUS LES BRIGANDS, *criant en s'en allant.*

La liberté ou la mort!

(*Les brigands se mettent par pelotons, commandés par les principaux, comme Forban, Wolbac, Roller et Razmann, et Robert à leur tête.*)

(*L'entre acte représente les évolutions et le feu du combat entre les deux régiments et les brigands, au bruit du tambour, de la mousqueterie et du canon. Les soldats sont mis en fuite.*)

ACTE CINQUIÈME.

Le théâtre représente la même forêt qu'au second et au quatrième acte; mais les aspects sont changés. On voit dans l'enfoncement, à gauche, une vieille tour isolée. On traverse la scène avec des blessés portés sur des branches d'arbres. Les brigands tous harassés et couverts de sang et de poussière, leurs vêtements dans le dernier désordre. Le jour commence à tomber.

SCÈNE I.

ROBERT, FORBAN, WOLBAC, sur le devant; beaucoup de BRIGANDS dans le fond.

ROBERT, se laisse tomber au pied d'un arbre.

Ah! de l'eau, mes amis. Je n'en puis plus; un peu d'eau, si cela est possible. La rivière n'est pas loin; mais vous êtes tous excédés de fatigue...

WOLBAC.

J'y cours.

(Wolbac sort.)

ROBERT.

Nous avons combattu comme des amis, des frères.

FORBAN.

Ah! ils se souviendront de la journée de l'aumônier.

ROBERT.

Quelles sont les pertes de part et d'autre?

FORBAN.

Près de trois cents hommes de leur côté, restés morts sur la place. Du nôtre, dix-sept blessés, un seul tué; mais c'est le brave Roller... il a fait des prodiges...

ROBERT.

Sa mort me fait envie.

FORBAN.

Il semblait la chercher. Je l'ai vu s'élancer au milieu d'eux, fendre les rangs, frapper, renverser tout ce qui l'approchait. Le nombre enfin l'emporte; mais si je n'ai pu le secourir, j'ai du moins su le venger.

ROBERT.

A la place où il est tombé, on lui aurait élevé un mausolée, si, au lieu de périr pour moi, il fût mort pour servir les passions de quelque ministre ambitieux. Voilà comme dans la vie tout tient à la fatalité! A-t-on pansé Razmann?

FORBAN.

Son état est désespéré; lui-même il m'a tantôt demandé la mort pour être délivré de ses douleurs. Je sais mourir, a-t-il dit, mais je ne puis souffrir. — Je n'ai pas osé lui rendre ce triste service.

WOLBAC arrive, et présente son chapeau plein d'eau.

Tiens, capitaine, voilà de l'eau fraîche comme la glace.

ROBERT boit, et dit à Wolbac.

Comment, Wolbac! quoique excédé de fatigue?

WOLBAC.

Non seulement de l'eau, cher capitaine, mais tout mon sang est à ton service. Tu m'as sauvé deux fois la vie, ou plutôt la honte de tomber vivant dans leurs mains. — Ah! Robert! aie jamais besoin de mon bras, et tu verras si Wolbac sait reconnaître un bienfait.

ROBERT, à Wolbac.

N'est-il donc plus de salut pour Razmann?

WOLBAC.

Aucun... Deux coups de feu dans la poitrine et treize coups de sabre sur le corps. Les malheureux allaient le mettre en pièces, si je n'étais venu diviser la curée; mais je les ai fait danser de manière à se souvenir de la noce. A propos, qu'est devenu Rosinsky? Je ne l'ai point vu dans l'action.

FORBAN.

Je l'ignore; mais je le repète, sa conduite est fort équivoque.

ROBERT.

Rassurez-vous, moi, j'en réponds.

FORBAN, à part.

Quel diable d'homme! il ne se méfie de personne.

SCÈNE II.

LES PRÉCÉDENTS, UN BRIGAND.

LE BRIGAND.

Capitaine, Razmann approche de son dernier moment; il veut encore te voir et te faire ses adieux.

ROBERT.

Allons. (A part.) C'est pour moi qu'il s'est sacrifié.

(Il sort.)

WOLBAC.

Tant mieux, ses tourments vont finir. (A Forban.) Mais nos provisions, camarade? Mon estomac n'est pas ami de la diète.

FORBAN.

Elles sont en chemin.

WOLBAC.

Notre caisse est bien garnie, j'espère, et celle du capitaine aussi; car s'il dépense, ce n'est pas pour lui.

FORBAN.

La caisse du Capitaine? non — Mais si tu savais l'usage qu'il en fait, ou tu n'aurais pas d'ame ou des larmes d'admiration couleraient de tes yeux. (Il lui donne un papier.) Tiens, lis, voici le mémoire du dernier quartier; mais prends-y garde: la moindre indiscrétion me perdrait dans son esprit.

WOLBAC, lit d'une voix qui s'altère à la fin de sensibilité.

Pour deux orphelins élevés à l'université de Leipsick, cinquante ducats. Pour la liberté d'un père de famille, emprisonné pour dettes, quarante ducats. Pour la pension d'une veuve chargée de sept enfants, cent ducats. Pour la dot d'une jeune fille... (Il lui rend le papier d'une voix altérée.) Tiens... Tiens... Je crains de m'enthousiasmer pour lui. (Profondément pénétré.) Je connaissais son courage, sa franchise, la noblesse de ses sentiments, l'élévation de son ame... mais je ne me doutais pas que ce fût d'un chef de brigands qu'on dût prendre l'exemple des vertus.

FORBAN.

Si nous avons l'orgueil de nous croire des hommes, conviens, Wolbac, qu'il est digne aussi de nous commander.

WOLBAC, appuyé.

Et glorieux pour nous de lui obéir.

SCÈNE III.

LES PRÉCÉDENTS; ROBERT, à pas lents, absorbé dans ses réflexions.

ROBERT, lentement.

C'en est fait, camarades, nous avons perdu notre ami. — Razmann n'est plus; Roller, Razmann et tant d'autres. Ah! mon automne est arrivé; les plus beaux fruits, les feuilles même commencent à tomber sur la terre. Allez vous reposer! je veillerai pour vous.

(Forban se retire dans le fond, et va se jeter à terre; Wolbac le suit après avoir examiné Robert un instant et marqué son admiration sur son caractère.)

ROBERT, après un long silence continue.

Je l'ai vu. C'est donc la mort, la dissolution de notre être... cet espace effrayant, et pourtant imperceptible qui sépare le temps de l'éternité. Quel contraste! un brigand meurt l'œil calme... le front serein... L'expression de la douleur, de l'amitié sont les seuls sentiments qui semblent l'animer, et j'ai vu les convulsions du désespoir s'emparer des derniers soupirs de l'homme qu'on nommait juste et bienfaisant!... Est-ce défaut de force... de caractère... faiblesse d'organes?... ou cet instant serait-il le terme de notre destination... notre entrée dans le néant?... Mais ce desir de félicité... ces idées de perfection... — (Avec force.) Ce charme qu'on éprouve à la suite d'une bonne œuvre... (Il fixe le ciel.) Cette harmonie universelle, ce mouvement uniforme et pourtant si varié de ces milliers de mondes qui roulent dans l'immensité... Non, non, il est quelque chose après nous, car je n'ai point encore goûté un seul instant de vrai bonheur. (Il se promène en réfléchissant.) J'ai cherché la mort, a-t-il dit, parceque j'étais las de vivre... (Fortement.) Moi aussi, je suis las de vivre... moi aussi, je voudrais déposer le fardeau de mon existence. — Eh! qui peut m'arrêter?... Pourquoi languir dans cette prison, accablé du présent, quand je tiens dans ma main... (il saisit un pistolet.) le ciel qui peut m'ouvrir les portes de l'avenir!... Est-il quelque lueur d'espérance qui puisse encore flatter mon ame? Les bienfaits même que je répands ont-ils quelque douceur pour moi? On les rejetterait avec horreur, si l'on pouvait connaître celui qui les prodigue. — Mais le ciel veut que je vive, pour être long-temps malheureux; si la fatalité me lie au terrible métier où elle m'a conduit, est-ce à moi de m'y opposer? Quand l'éternel dit au soleil de dessécher nos plaines, aux torrents d'inonder les campagnes dévastées; quand il ordonne aux vents brûlants de porter la mort dans nos contrées; — s'il fait naître un de ces tyrans qui se jouent de la vie des peuples, est-ce à nous de vérifier la profondeur de ses décrets, de lui demander compte des motifs de tant de désastres? nous, instruments passifs qu'il emploie et brise à son gré!... Mais Sophie... Ah! Sophie!... (Fortement.) Eh! voudrait-elle recevoir la main d'un brigand, associer son sort à celui d'un meurtrier! Elle, la douceur, la vertu même! (Déterminé.) Non, cette idée me détermine... (Il tire un pistolet de sa ceinture et regarde autour de lui.) Ah! Sophie! seule tu m'attachais à la vie; ne pouvant être à toi, je dois y renoncer. (Il se jette à genoux.) Reçois donc mes adieux... (Il pleure.) Je ne demande à la nature entière... je ne veux emporter en mourant que l'espoir d'être regretté par toi... (Il écoute.) Tout est tranquille, tout dort; moi aussi, je veux m'endormir pour ne jamais me réveiller.

(Il bande le pistolet et le porte à son front.)

SCÈNE IV.

ROBERT, à genoux; RAIMOND, dans le fond.

RAIMOND, un vase à la main.

Voilà minuit qui sonne dans le village voisin. Il m'attend sans doute.

(Il va frapper à la porte de la tour.)

LE VIEILLARD, dans la tour, d'une voix cassée.

Qui frappe? est-ce toi, cher Raimond, mon bienfaiteur compatissant?

RAIMOND.

Oui, c'est moi, bon vieillard; monte au guichet, je t'apporte ta nourriture.

ROBERT, à part.

Qu'entends-je! approchons.

(Il s'avance doucement vers Raimond.)

LE VIEILLARD, dans la tour.

Bientôt je n'en aurai plus besoin. Ah! Raimond! ne te lasse point, mes membres sont affaissés, ma force anéantie... Je sens que la mort ne tardera pas à finir ma misère.

ROBERT, à part.

La mort!... Est-ce une victime des lois ou de quelque vengeance?

LE VIEILLARD.

Que fait mon misérable fils?

RAIMOND.

Ton fils... Hélas! — Mais écoute... Il me semble entendre du bruit. — Je me trompais. Ce désert est horrible : adieu, bon vieillard... Descends dans ta prison... Si l'on t'y soupçonnait encore, ta vie s'éteindrait à l'instant; adieu!... Là-haut est ton sauveur... O fils exécrable!

(Il veut s'enfuir.)

ROBERT, d'une voix terrible.

Arrête.

RAIMOND, effrayé.

Ah! Dieu!

ROBERT.

Arrête : qui es-tu? que fais-tu? parle.

RAIMOND, plus troublé à part.

Toutes les frayeurs à la fois.

ROBERT.

Réponds, te dis-je, ou tu es mort.

RAIMOND.

Ah! je suis un pauvre habitant d'un village de ces montagnes.

ROBERT.

Quel est ce mystère d'iniquité? je veux le connaître; quelqu'un est au fond de cette tour...

RAIMOND.

Hélas! un malheureux condamné à mourir de faim, et que je nourris par pitié dans le silence de la nuit.

ROBERT, avec transport.

Tu le nourris!... Un malheureux! (Il lui prend la main.) Ah! mortel bienfaisant! ne crains rien, tu n'as pas de meilleur ami que moi. — Mais il est captif, il faut briser ses fers. (Il va prendre des instruments.) Instruments de terreur, pour la première fois venez à mon secours, je vous destine à un plus noble usage.

(Il force la porte de la tour, d'où il sort un vieillard faible et décharné que Raimond soutient.)

RAIMOND, à part.

O crime de Maurice, tu vas donc être découvert!

LE VIEILLARD, d'une voix faible.

Ah! qui que vous soyez, ayez pitié d'un vieillard infortuné.

ROBERT, recule d'épouvante.

(A part.) Dieu!... la voix de mon père!

(Il le fixe, immobile d'étonnement, ensuite s'approche lentement.)

LE VIEILLARD, à genoux.

Je te remercie, ô ciel! il est donc arrivé l'instant de ma délivrance!

ROBERT, le fixant avec égarement.

Ombre du vieux Moldar, quel pouvoir infernal t'arrache du sein des tombeaux? (Il l'approche.) Reviens-tu du séjour des morts pour dissiper mes doutes sur l'avenir, et me résoudre ici l'énigme de l'éternité! parle, je suis au-dessus de la crainte.

LE VIEILLARD.

Je ne suis pas une ombre, je respire, je vis, mais d'une vie affreuse, tissue d'horreurs et d'infortunes.

ROBERT.

Et tes funérailles publiques?

LE VIEILLARD.

Une masse informe fut déposée au caveau de mes pères, tandis que, dans ce souterrain, retranché du nombre des vivants, je m'abreuvais de larmes et me plaignais au ciel du malheur d'exister encore.

ROBERT, à part.

Quoi donc! il est un Dieu... et sans cesse la vertu souffre!... sans cesse le crime triomphe!

LE VIEILLARD.

Ah! que cet air est pur!... comme il rafraîchit mes sens! (Il s'assied au pied d'un arbre.) Voilà, depuis cinq ans, la première fois qu'il m'est permis de contempler le ciel.

ROBERT, le fixant toujours avec un morne étonnement.

O cruauté! O barbarie!

LE VIEILLARD.

Ah! si tu es homme, si tu portes un cœur humain, ne me demande pas le récit de mes malheurs; il te ferait détester tes semblables...

ROBERT, avec effroi.

Va, je la connais trop, cette race de vipères.

LE VIEILLARD.

J'ai mérité mes maux. J'ai banni... déshérité... persécuté le seul de mes fils qui devait consoler ma vieillesse. — O Robert! Robert!...

(Il pleure.)

ROBERT, à part.

Et je n'ose tomber à ses pieds! (Haut.) Mais quel est le monstre qui t'a fait éprouver ce supplice? parle, je veux m'abreuver de son sang.

LE VIEILLARD, pleurant.

Ah! ne le maudis pas; mais juge de mes tourments!... celui qui en est l'auteur... est mon fils, mon propre fils.

ROBERT, pétrifié d'étonnement.

Ton fils? — Ton propre fils? Éternelle justice! — (Furieux.) C'en est assez, allons. (Il tire un coup de pistolet et dit aux brigands.) Réveillez-vous.

(Au coup de pistolet, le vieillard tombe en défaillance.)

LES BRIGANDS, se réveillent tous et accourent.

Hé!... holà!... holà!... qu'est-il arrivé?

ROBERT, dans une terrible agitation.

Quoi! ce récit horrible n'a point arrêté votre sommeil et fait dresser vos cheveux! — Venez tous, voyez ce vieillard, et frémissez. (D'un ton de voix extatique.) L'ordre éternel est interverti... l'humanité a perdu ses droits... la nature a brisé ses liens... le fils a massacré son père.

LES BRIGANDS, avec surprise.

Que dit le capitaine?

ROBERT, continuant

Massacré!... ce terme est trop doux. Dans

ce désert... au fond de cette tour... en proie à tous les tourmens de la vie... de la mort, un fils a fait enfermer ce vieillard, et... que sert-il de le cacher... amis, ce vieillard est mon père.

(Il tombe épuisé à ses genoux.)

LES BRIGANDS.

Son père! quoi! son père!

RAIMOND, à part.

O Dieu!... C'est Robert! quelle nouvelle pour Sophie! courons...

(Il sort.)

SCÈNE V.

Les Précédents, excepté RAIMOND.

WOLBAC.

Qu'il dise un mot, et j'apporte à ses pieds la tête de son persécuteur.

FORBAN, approche du vieillard avec respect.

Père de mon capitaine, (il tire son poignard.) ce poignard est désormais consacré à ta vengeance.

TOUS LES BRIGANDS.

Vengeance! vengeance!

ROBERT, il se relève tout-à-coup, s'élance au milieu d'eux, et d'une voix terrible.

Oui, vengeance! — Écoutez-moi! Dieu terrible, Dieu vengeur des forfaits! j'élève ici vers toi cette main sanguinaire; je jure par le silence et les ténèbres qui nous environnent, par ces astres qui se balancent au-dessus de nos têtes, de ne pas revoir le soleil, sans avoir ravi la lumière à l'exécrable parricide. (Aux brigands, d'un sentiment élevé.) Et vous, découvrez vos têtes, prosternez-vous dans la poussière. (Ils mettent un genou à terre.) Adorez la main invincible qui atteste votre mission et ennoblit vos destinées. Non, vous n'êtes plus des brigands. Vous portez dans vos mains le glaive des vengeances célestes, vous êtes devenus les anges de la mort, les terribles exécuteurs des hauts décrets de l'Éternel. Levez-vous tous, ce jour vous sanctifie.

(Les brigands se lèvent.)

WOLBAC.

Ordonne; que faut-il faire?

ROBERT, à Wolbac.

Approche, viens toucher les cheveux blancs qui couvrent ce front respectable. (Il le mène à son père, et lui fait toucher ses cheveux, puis avec force.) Maintenant, va venger mon père.

WOLBAC, vivement.

Où? quand? comment? parle. Je suis tout prêt.

ROBERT.

Prends vingt hommes et cours au château de Moldar... Qu'on arrête Maurice, et qu'on le traîne ici. — C'est sur cette place qu'il doit être jugé. Qu'il voie tous ses forfaits, (en montrant le vieillard.) qu'il tremble et qu'il meure. Allez, courez, volez. Je compte les minutes.

(Ils sortent en grand nombre, précédés de Wolbac; tous les autres se retirent dans le fond.)

SCÈNE VI.

LE VIEILLARD, toujours assoupi; ROBERT; Brigands, au fond.

ROBERT, attendri, les yeux fixés sur le vieillard, après un long silence.

Le barbare!... Voyez ce corps épuisé... Un cannibale aurait respecté sa vieillesse, et son fils l'assassine! Quelle douceur dans ses traits à travers ce sommeil de mort! (Avec douleur à un brigand.) Il semble méditer des bienfaits, ou compter les heureux qu'il a faits. — Ah! pourquoi n'osé-je le nommer mon père! que du moins j'embrasse ses genoux, (à ses pieds.) que je goûte un moment le bonheur d'être son fils. — Je suis seul avec lui. (Après une réflexion.) Si je dérobais sa bénédiction! (Attendri.) La bénédiction d'un père, dit-on, n'est jamais sans grande efficace...

(Il lui serre les genoux sans y songer.)

LE VIEILLARD, réveillé avec effroi.

Étranger... que fais-tu? que veux-tu?

ROBERT, toujours à ses pieds.

J'ai brisé les verroux de ta prison, je t'ai donné la liberté, ne me refuse pas une grace.

LE VIEILLARD.

Parle, que me demandes-tu?

ROBERT, attendri.

Ta bénédiction... mon père...

LE VIEILLARD.

Et tu l'as méritée. (Il lui pose la main sur la tête.) Sois juste et bienfaisant, et tu seras heureux. — Que ne puis-je ainsi bénir mes fils! Ah! Maurice!...

(Il pleure.)

ROBERT.

Quoi! tu le pleures, ton meurtrier: au pied de cette tour!

LE VIEILLARD, avec douleur.

J'ai persécuté son frère. — O père infortuné! je vis et mon Robert n'est plus.

ROBERT.

Ton Robert! il respire, il vit.

LE VIEILLARD.

Comment! que dis-tu?

SCÈNE VII.

LE VIEILLARD, ROBERT; SOPHIE et RAIMOND, dans le fond; GUILLAUME, sa Femme et son Enfant portant une lanterne allumée devant eux. Des Valets de ferme, armés de bâtons; d'autres avec des flambeaux.

SOPHIE, s'avançant sur le devant.

C'est bien ici, Raimond, que tu m'as dit de le

chercher... Quoi! il vivrait!... Et c'est à mon Robert!... (Elle s'avance.) Que vois-je!... Ah! mon oncle! Ah! Robert!...

(Elle se jette aux genoux du vieillard.)

ROBERT.

Sophie!

LE VIEILLARD.

Ma fille! Sophie, que dis-tu? où donc est-il, mon fils?

SOPHIE, criant.

C'est lui... C'est Robert... Le voilà.

LE VIEILLARD.

Sophie... Robert... c'est vous?

ROBERT.

Tous les deux dans vos bras.

LE VIEILLARD.

Mes enfants!... Mes enfants!...

SOPHIE.

Ah! mon oncle!.... Ah!.... Robert, mon amant... mon époux...

(Elle veut l'embrasser.)

ROBERT, recule.

Votre époux!... lui, Robert! — (Les brigands rentrent.) Dieu! les voici. (Il détourne les yeux.) Non, je ne me sens pas le courage de verser le sang de mon frère.

(Il s'appuie accablé contre un arbre.)

SCÈNE VIII.

LES PRÉCÉDENTS; WOLBAC, à la tête des brigands.

WOLBAC.

Capitaine, nous avons suivi tes ordres, mais il n'était plus temps. Il s'est fait justice lui-même. A peine nous a-t-il aperçus, et appris de quelle part nous venions, que du haut d'une tour il s'est précipité dans le Mein.

(Tous les brigands se rangent tristement des deux côtés de la scène.)

LE VIEILLARD, se lamentant.

Qu'ai-je entendu! mon fils... mon fils est mort!

ROBERT, à part.

Et grace au ciel, mes mains sont innocentes.

LE VIEILLARD.

Maurice est mort, et je n'ai pu lui pardonner!

SOPHIE.

Robert vous est rendu, et votre Sophie avec lui.

LE VIEILLARD.

C'est donc à vous, mes enfants, à vous seuls à fermer mes yeux. Approche, mon fils... Tiens, voilà Sophie... ton épouse.

ROBERT.

Mon épouse!... Ah! si vous saviez...

SOPHIE, l'interrompant.

Oui, je la suis. Tu l'as promis à la face du ciel. (Elle court vers Robert.) Rien ne peut plus briser nos nœuds... ton cœur est à moi... à moi seule...

ROBERT.

Quoi! le cœur d'un brigand!

SOPHIE.

L'amour l'épurera.

ROBERT.

Va, ma tête est proscrite. Où fuir? où me cacher?

SOPHIE.

Dans le fond d'un désert... avec moi...

GUILLAUME.

Avec nous.

ROBERT.

Ah! Sophie! serait-il possible!

(Ils veulent se jeter dans les bras l'un de l'autre.)

FORBAN, il sort des rangs, et met le sabre entre Sophie et Robert.

Arrête, capitaine. N'as-tu pas juré cent fois de nous rester fidèle? tes serments sont-ils moins forts que les pleurs d'une femme?

ROBERT.

Il a raison: Dieu! Dieu!

WOLBAC.

Ne te souvient-il plus des dangers que nous avons bravés, des maux que nous avons soufferts pour toi? Est-ce là le prix de notre attachement?

ROBERT.

Ah! Sophie! Ah! mon père!

FORBAN.

Que sont devenus ces plans si hardis, ces desseins si élevés dont tu flattais notre ambition? As-tu déja oublié les services de Roller, de Razmann et de tant d'autres qui se sont sacrifiés pour toi? Leurs mânes doivent être indignés de ta faiblesse. Nous étions libres tantôt, et loin de te livrer, nous avons affronté la mort pour te défendre. Maintenant tu veux nous abandonner, pour aller soupirer aux pieds d'une femme!

ROBERT.

O tourments de l'enfer!

(Tous les brigands murmurent. Plusieurs s'avancent et découvrent leur poitrine.)

WOLBAC, d'un ton ferme.

Vois ces blessures... Regarde ces cicatrices...

FORBAN.

Ta vie, ta personne, ton être, tout est à nous; c'est notre sang qui nous acquit ces droits, et c'est le tien qui les fera valoir.

ROBERT, consterné.

C'en est fait, c'en est fait. — Il n'y faut plus penser. J'ai voulu retourner à elle, à la paix, au bonheur, et le ciel s'y oppose. — Otez de mes yeux cette femme.

SOPHIE.

Et c'est toi qui l'ordonnes!... Cruel, arrache-moi donc la vie! (Elle se jette à ses pieds.) Frappe, je bénirai mon sort. Tu t'éloignes. (Aux brigands.) Eh bien! vous, accoutumés au meurtre, soyez tous plus humains que lui! donnez-moi, par pitié, la mort que je demande... Vous vous taisez aussi. — Barbares! vous ne laissez la vie qu'au malheureux.

WOLBAC tire un pistolet de sa ceinture.

Robert, je vais t'en délivrer.

ROBERT, égaré, dans le dernier désespoir.

Wolbac, arrête! non, c'est moi qui me délivrerai du fardeau de cette existence que je ne puis plus supporter. O Sophie de Northal, je te lègue à soigner la vieillesse de mon père. Console-le de tant de pertes; je te défends de les accumuler, en me suivant dans le tombeau.

(Il tire son poignard, veut s'en frapper, Forban lui arrête le bras.)

FORBAN s'écrie.

Toi! Robert, une lâcheté!...

SOPHIE.

Juste ciel!

(Elle se jette à lui.)

LE VIEILLARD.

Ah! mon fils!

GUILLAUME.

Mon maître!

(L'enfant effrayé recule.)

SCÈNE IX.

LES PRÉCÉDENTS; ROSINSKY, accourant.

WOLBAC.

Capitaine.

ROBERT, désespéré, le repousse.

Je ne vous connais plus. Laissez-moi mettre un terme à mes malheurs.

(Il se débat entre leurs mains.)

ROSINSKY.

Ils sont finis. — Reconnais Rosinsky, ton parent, le fils du comte de Berthold.

LE VIEILLARD.

Que dit-il? Berthold...

ROBERT, avec trouble.

Toi! le fils de Berthold!

ROSINSKY, très vivement.

Mon père a remis à l'empereur le mémoire adressé par toi. Le récit de tes attentats avait irrité sa justice; mais ton respect pour le malmalheur, la générosité, la grandeur d'ame qui te font admirer jusque dans tes excès, ont ranimé l'espoir de ta famille. Depuis un mois, témoin de toutes tes actions sublimes, j'ai écrit; tes malheurs ont attendri le souverain, nos vœux sont accomplis, et voici ton pardon.

(Il lui donne un papier.)

ROBERT, avec transport, se relevant.

Mon pardon!... Ah, mon père!... mon pardon! (tristement.) et celui de mes camarades?

ROSINSKY.

Est aussi accordé, s'ils jurent de servir sous toi, l'État, en corps franc de troupes légères.

ROBERT.

Je réponds d'eux...

TOUS LES BRIGANDS.

Nous le jurons.

ROSINSKY.

O Robert! l'empereur, touché de tes remords, veut réformer par sa justice, tous les abus que tu punissais par la force. (Aux brigands.) Il veut vous pardonner vos crimes, et s'éclairer par ses vertus.

ROBERT, exalté.

Eh bien! Forban, Wolbac, et vous tous, mes amis, qui avez partagé mes revers, venez partager ma fortune. Consacrons désormais à la défense de la patrie et des lois qu'on va réformer, le courage que nous avons mis à les venger quand on les outrageait; et si jamais... si dans le rang où le destin remet votre Robert, ou ma bouche ou ma main commandait quelque acte oppresseur, (il remet son poignard à Forban.) prenez ce fer, frappez; que mon arrêt de mort, cloué sur ma poitrine, porte ces mots effrayants aux parjures: *Robert, qui punissait les crimes, est devenu lui-même un traître à ses serments;* ce poignard a tranché ses jours. (A Rosinsky.) Et toi, mon cher Berthold, parent noble et généreux, viens jouir avec nous du fruit de tes bienfaits.

FIN DE ROBERT, CHEF DE BRIGANDS.

PARIS. — IMPRIMERIE NORMALE DE JULES DIDOT L'AINÉ, n° 4, boulevart d'Enfer.

www.ingramcontent.com/pod-product-compliance
Lightning Source LLC
LaVergne TN
LVHW052025160826
845678LV00003B/1216

* 9 7 8 2 3 2 9 6 2 8 3 5 6 *